NUNZIA SOMMESE

EDUCARE ALL'ECCELLENZA

Come la Crescita Personale Può Aiutare Bambini e Ragazzi di Oggi a Diventare i Migliori Adulti di Domani

Titolo

"EDUCARE ALL'ECCELLENZA"

Autore

Nunzia Sommese

Editore

Bruno Editore

Sito internet

http://www.brunoeditore.it

Tutti i diritti sono riservati a norma di legge. Nessuna parte di questo libro può essere riprodotta con alcun mezzo senza l'autorizzazione scritta dell'Autore e dell'Editore. È espressamente vietato trasmettere ad altri il presente libro, né in formato cartaceo né elettronico, né per denaro né a titolo gratuito. Le strategie riportate in questo libro sono frutto di anni di studi e specializzazioni, quindi non è garantito il raggiungimento dei medesimi risultati di crescita personale o professionale. Il lettore si assume piena responsabilità delle proprie scelte, consapevole dei rischi connessi a qualsiasi forma di esercizio. Il libro ha esclusivamente scopo formativo. Per motivi di privacy sono stati usati nomi di fantasia. Ogni riferimento a persone realmente esistenti è puramente casuale.

Sommario

Prefazione — pag. 5

Introduzione — pag. 7

Cap. 1: Guarire la scuola con la crescita personale — pag. 12

Cap. 2: Il vero ruolo di genitori e insegnanti — pag. 38

Cap. 3: Come potenziare la mente — pag. 56

Cap. 4: Valorizzare l'errore e la ricerca di soluzioni — pag. 78

Cap. 5: Come raggiungere il benessere a scuola — pag. 88

Cap. 6: Come conquistare i giovani col carisma — pag. 117

Cap. 7: Creare il domino del cambiamento — pag. 136

Conclusione — pag. 153

Ringraziamenti — pag. 157

Note sull'autore — pag. 159

A mio padre e a mio fratello.
Ovunque voi siate.
A mia madre e a mia sorella,
le mie donne speciali.
Ognuno di voi sa il perché.

Prefazione

A volte capita di conoscere delle persone che ti rimangono nel cuore, anche se le vedi di rado.

Ho conosciuto Nunzia tanti anni fa in un call-center a Pomigliano D'Arco. Sono rimasto subito stupito dalla sua energia, dalla positività, dalla sua voglia di contribuire e di dare agli altri.

Meno male che la vita l'ha poi condotta a fare un "mestiere" che richiede e implica tutto ciò: quello dell'insegnante.

È, questo, uno dei lavori più importanti e più difficili allo stesso tempo, perché si ha la responsabilità del sistema di convinzioni e dei pensieri di giovani menti, che possono essere plasmate. Credo che i piccoli studenti di Nunzia abbiano una fortuna incredibile: quella di avere un'insegnante che si impegna per fare la differenza nella loro vita.

Sicuramente tutti avremmo voluto un'insegnante come lei, tutti la vorremmo o l'avremmo voluta per i nostri figli.

Scrivo volentieri questa prefazione perché sono convinto sia fondamentale per il sistema di istruzione italiano, ma anche mondiale, avere maestri e professori con questa dedizione, con questa voglia di contribuire a cambiare il mondo e a renderlo un posto migliore.

Pertanto vi invito a leggere il libro e ad applicare subito le strategie che contiene. In questo modo acquisirete delle conoscenze specifiche in un ambito molto complesso; migliorerete la relazione con i vostri bambini e i vostri ragazzi; li aiuterete a credere nei loro sogni e a realizzarli, contribuendo a farli diventare adulti felici, lo scopo più alto di una società sana.

Auspico di poter vedere un giorno, entrando in un'aula, quanto l'esempio e il libro di Nunzia abbiano fatto la differenza e impattato sulla vita di tanti giovani.

Alfio Bardolla
Financial Coach n.1 in Europa

Introduzione

Ti piacerebbe migliorare il rapporto con tuo figlio, con tuo nipote, con i tuoi alunni? Ti piacerebbe dare una sferzata di cambiamento alla tua vita, acquisendo strumenti efficaci da mettere in pratica subito, nel privato e nella tua professione?

In queste pagine non troverai della sterile e noiosa teoria, ma idee, tecniche e strumenti che io ho utilizzato e utilizzo da anni con i miei alunni. Frutto di una storia d'amore lunga quindici anni, durante i quali ho incontrato tantissimi bambini, genitori e colleghi, possiedono tutta la forza propulsiva e il calore di un'esperienza umana costruita in classe giorno dopo giorno.

Ho scritto questo libro pensando a tutti quegli adulti che da bambini avrebbero voluto una carezza, una parola di conforto, mai arrivate, magari proprio dalla maestra, oppure da mamma o papà; a tutti quei genitori che ogni giorno si fanno in quattro per i loro figli; a tutti quei nonni che si prendono cura dei loro nipoti con un'energia che solo l'amore incondizionato può generare (quanti ne ho visti e continuo a vederne, puntuali e sorridenti, all'uscita da scuola, in attesa del suono della campanella); a tutti quei docenti, la maggioranza, che entrano in aula dando il meglio di sé, facendo spesso l'impossibile; a tutti i Dirigenti Scolastici "illuminati", coraggiosi sperimentatori di un nuovo modo di educare; a tutti quei ragazzi che si sentono esclusi e incompresi; a quelli che non amano la scuola, perché possano scoprirne il lato buono ed essere essi stessi coprotagonisti e artefici del suo cambiamento; a coloro che invece già l'amano così com'è, nonostante tutto e tutti; ai miei guerrieri di pace, molti ormai grandi, con cui sono cresciuta e senza i quali non esisterebbero queste pagine. Vi sarò per sempre grata, soprattutto perché insieme a voi ho ridato voce alla mia bambina interiore.

Perché educare all'eccellenza? Ogni periodo storico ha avuto le sue eccellenze, personalità che si sono distinte in ambito scientifico, artistico, medico, letterario, sportivo, e che la storia ha consegnato all'eternità. Nella maggior parte dei casi si tratta di geni ed eroi considerati quasi esseri superiori, irraggiungibili.

Ma la mia domanda è: quanti geni ed eroi hanno vissuto in passato, e vivono oggi, nell'anonimato, fuori dal coro e dalle logiche dell'apparire? Sto parlando di uomini e donne, bambini e anziani che hanno contribuito e contribuiscono a rendere questo mondo un luogo migliore.

Se affidiamo la nostra visione del mondo ai media, primo fra tutti il telegiornale, ne avremo un'idea parziale e distorta. Nel mondo non ci sono solo violenza e guerre. Ogni giorno accadono piccoli e grandi miracoli. Gli eroi sono ovunque intorno a noi. Eroe può essere ognuno di noi, se solo lo vogliamo. Non bisogna essere famosi, geni o inventori. È "sufficiente" dare ed essere il meglio di sé.

Ma cosa significa educare all'eccellenza? Martin Luther King lo ha magistralmente racchiuso in queste parole: «Se non puoi essere un pino sul monte, sii una saggina nella valle, ma sii la migliore, piccola saggina sulla sponda del ruscello. Se non puoi essere un albero, sii un cespuglio. Se non puoi essere un'autostrada, sii un sentiero. Se non puoi essere il sole, sii una stella. Sii sempre il meglio di ciò che sei. Cerca di scoprire il disegno che sei chiamato a essere. Poi mettiti con passione a realizzarlo nella vita».

Ecco allora che eccellere non ha nulla a che fare con il primeggiare, con l'essere superiore agli altri, piuttosto con il meglio che si può rispetto a se stessi, fino alla fine, fino all'ultimo respiro. Eccellere è prima di tutto una condizione interiore. Ma chi siamo chiamati a essere? Pino o saggina? Sole o stella?

La maggior parte di noi non lo sa, perché nessuno ci ha insegnato come scoprirlo. E allora siamo chiamati a investigare da soli, necessariamente. Il cammino non è certo privo di ostacoli ma, se rinunciamo, ci autocondanniamo all'infelicità. Solo facendo luce sul nostro vero sé interiore, sulla nostra parte più autentica e profonda, possiamo autorealizzarci pienamente e rendere meno faticoso il cammino nostro e di chi ci sta accanto.

Fuor di metafora, ognuno di noi è chiamato a fare grandi cose nella vita, a portare la sua straordinaria e indispensabile unicità, a illuminare con la sua luce interiore se stesso e gli altri. Se da piccoli ci insegnano tutto questo, il nostro progetto di vita si dispiegherà velocemente.

Che tu sia un manager affermato o un imbianchino, un'attrice famosa o una casalinga, hai il dovere e il diritto di esprimere i tuoi talenti, di vivere una vita piena, di essere felice.

Capitolo 1:
Guarire la scuola con la crescita personale

Dovremmo pensare alla scuola come a un organismo vivente, da diversi decenni fortemente sofferente e bisognoso di cure, come tutti quelli che la abitano. È difficile starci bene, lo stress divora tutti.

Dobbiamo avere il coraggio di dirlo! Negli ultimi decenni la letteratura sulla scuola è cresciuta a dismisura, conseguentemente al proliferare degli addetti ai lavori, moltissimi dei quali improvvisati. Dai media fino ai gruppi su WhatsApp, c'è un gran parlare e, a seconda degli eventi, vengono di volta in volta posti "sul banco degli imputati" i docenti, i genitori e gli stessi bambini e ragazzi perché "non sono più quelli di una volta".

Tralasciando le situazioni assurde di violenza e follia che vanno condannate e trattate nelle opportune sedi, mi chiedo se tutto questo abbia un senso; se sia l'atteggiamento corretto o se rappresenti piuttosto un modo con cui ogni categoria coinvolta si deresponsabilizza scaricando le colpe sulle altre, alimentando quella cultura della rassegnazione che ci fa dire "tanto le cose non cambiano" e paralizzando ogni azione propositiva volta al cambiamento, perché tanto "non serve a nulla".

Sempre più docenti e alunni si recano a scuola come se stessero andando in miniera, in molti casi non perché non abbiamo voglia di lavorare o di studiare, ma perché è difficile farlo in maniera serena e felice. Ripeto, dobbiamo avere il coraggio di dirlo!

Un giorno, una bambina di sette anni, figlia di una conoscente, mi disse di non essere andata a scuola perché la sua maestra aveva programmato delle prove in vista degli Invalsi e lei era preoccupata. A sette anni aveva già l'ansia e lo stress da prestazione. Non si sentiva all'altezza! Ho visto colleghe farsi il segno della croce prima di varcare il cancello della scuola, perché non si sa quello che potrebbe accadere, allora meglio affidarsi a qualcuno di più grande.

Io non mi rassegno a tutto questo! Provo fastidio e dispiacere quando si denigrano gli insegnanti etichettandoli come sfaticati e fortunati (in fondo lavorano solo poche ore al giorno e hanno due, anzi tre, forse addirittura quattro mesi di ferie!). Ormai tutti mettono bocca nel nostro lavoro e, oltre alle accuse, giù con i consigli, con le proposte, con i progetti da parte di chi a scuola ha messo piede solo da studente e magari neanche tanto studioso. E poi i professionisti della teoria, che parlano di bambini che non hanno mai visto o di cui non ricordano neanche il volto. Ho invitato alcuni di loro a entrare in classe e a mostrarmi come fronteggiare certe situazioni. Hanno sempre declinato, chissà perché!

Ma la scuola può guarire! Come? Attraverso una rivoluzione culturale promossa da tutti i reali protagonisti, genitori compresi. Può guarire davvero, a patto che coloro che la abitano "depongano le armi", definiscano e poi applichino un progetto unico e condiviso, nel rispetto dei reciproci ruoli.

Bisogna smettere di aspettarsi che qualcuno cambi le cose per noi, smettere di sperare in qualche provvedimento politico, piuttosto che nella sensibilità e apertura del dirigente scolastico. Bisogna smettere di sperare e cominciare a fare e, prima ancora, a essere.

Hai presente l'effetto domino? Qualcuno cambia, diventa un esempio per chi gli sta vicino; costui cambia a sua volta, influenza qualcun altro e così via.

Quando tu cambi, il mondo intorno a te cambia. Io ho fatto questo. Ho smesso di desiderare e sperare che gli altri e il contesto cambiassero. Sono cambiata io, ho iniziato a lavorare su me stessa, ad assumermi interamente le mie responsabilità.

Nelle pagine di questo libro sentirai parlare spesso di crescita personale, di quel processo di consapevolezza e cambiamento che ogni essere umano è chiamato a vivere. Io ho iniziato tardi, da adulta, perché da piccola non ne ho avuto l'opportunità, quella stessa che voglio donare a te, ai bambini e ai ragazzi di oggi.

Il mio ingresso a scuola come insegnante è stato traumatico e deludente. Eppure avevo tutte le carte in regola: mi ero laureata in Materie Letterarie con tanto di lode e avevo superato ben due concorsi (gli unici a cui abbia partecipato), uno in Campania e l'altro in Emilia Romagna. E, ripensando a tutte le notti passate a studiare, così come i fine settimana, mi sentivo ripagata dei tanti sacrifici fatti. Ero felicissima e non vedevo l'ora di catapultarmi in quella nuova avventura lavorativa e umana.

Ciò che non sapevo, e che avrei scoperto poco dopo, è che i tanti libri letti e studiati, così come gli esami e le prove superate, mi avevano dato una visione distorta della scuola, o meglio, la visione corretta di come dovrebbe essere. Quel condizionale si presentò a chiedermi il conto in breve tempo. Ma di questo ti parlerò più avanti. Quello che mi preme sottolinearti è che la mia "delusione iniziatica" l'ho ritrovata tante volte negli occhi, nei discorsi, nelle difficoltà e nelle disavventure di decine di colleghi, di ogni ordine e grado, del sud quanto del centro e del nord, di vasta quanto di media cultura, con tanti anni di esperienza o neofiti.

Perché succede questo? La causa endemica è che l'istituzione scolastica tutta, dalla materna all'università, non prepara veramente a questa professione, creando un infinito circolo vizioso. Per quanto forte, questa affermazione credo non sia contestabile, perché diversamente staremmo tutti meglio e la scuola sarebbe un luogo felice.

E attenzione, con questo non ti sto dicendo che la responsabilità sia dei docenti. Quello di cui sto parlando riguarda tutti, istituzioni, dirigenti, docenti, collaboratori, genitori... Per spiegarti meglio mi avvarrò di una metafora.

Immagina di esserti preparato per anni a giocare agli scacchi. Ti sei impegnato così tanto che sai di essere diventato un campione e sei pronto a entrare in questo mondo, a disputare tornei, a giocare la migliore delle partite. Quindi arriva il fatidico giorno, ti siedi al tavolo e ti presentano il gioco del poker. Inizialmente sei stordito, confuso, non capisci. Allora provi a chiedere spiegazioni, ma non te ne danno, sei costretto a giocare.

Così, senza accorgertene, cominci a fare un gioco del quale non conosci le regole, che non è il tuo, accumulando naturalmente una serie di sconfitte. Sai di essere in gamba, ma continui a perdere e smetterai di farlo solo quando deciderai che ne hai abbastanza. Per giocare a poker, devi conoscerne le regole, devi tornare a studiare.

Le mie parole potranno sembrarti assurde, ma ti assicuro che di tutto ciò che gli studi convenzionali mi hanno dato io utilizzo davvero poco, e a scuola e nella vita. Quello che metto in campo, e che mi permette di fare la differenza come donna e come insegnante, l'ho appreso da una formazione parallela e continua, costruita in anni, attraverso libri, specializzazioni e corsi nell'ambito del coaching, dello yoga, della meditazione, dell'arte legata al benessere.

Si tratta di un percorso che ho intrapreso per migliorarmi come persona, che si è poi riverberato naturalmente nel lavoro, fino a farlo coincidere con la mia mission, il mio progetto di vita. E ora ti apro le porte della mia aula. Alla fine tutto ti sarà chiaro. Sei pronto? Che il viaggio abbia inizio!

Imparare a disimparare per imparare ancora
Nonostante io stia ogni giorno a contatto con i bambini, c'è un elemento che li caratterizza che mi lascia sempre piacevolmente sorpresa: il loro atteggiamento di apertura nei confronti di tutto ciò che apprendono e che viene loro richiesto di fare.

Se riprendessimo con una telecamera una sola giornata scolastica di un bambino, dal momento in cui entra a quello in cui esce, rimarremmo sbigottiti non solo dalla mole di informazioni che ha acquisito, dalle numerose, continue e diverse azioni compiute, dal susseguirsi di stimoli ricevuti, ma anche e soprattutto dalla naturalezza con cui accoglie tutto ciò.

Per lui è normale imparare e fare ogni giorno cose nuove. La sua cameretta, il suo lettino, la sera accolgono un bambino sempre un po' diverso da come lo hanno lasciato la mattina.

Mentre scrivo queste pagine manca poco alla fine dell'anno scolastico e, se ripenso ai miei alunni il primo giorno di scuola, stento a riconoscerli nei bambini che sono diventati. Nel giro di pochi mesi hanno imparato a leggere, a scrivere, a fare i calcoli. Hanno interiorizzato la scansione temporale della giornata scolastica, padroneggiano il loro materiale e hanno raggiunto una notevole autonomia. E ridiamo tutti quando ricordo loro che all'inizio non riuscivano a distinguere un quaderno da un libro.

Ancora oggi, dopo tanti anni, mentre eseguono un compito, resto lì a guardarli, in silenzio, commossa. Qualcuno è super concentrato, qualcun altro fatica ma non demorde. Ognuno, con i propri tempi e le proprie risorse, sta facendo il meglio che può.

Scuola e famiglia devono preservare quest'atteggiamento naturale di apertura e di accoglienza al nuovo perché, da un certo punto in poi, l'essere umano rallenta, diluisce questa capacità. In molti casi la perde! E così, una volta adulti, cominciamo a vivere sempre più spesso giornate fotocopia, in cui facciamo, diciamo, pensiamo e proviamo sempre le stesse cose.

Smettiamo di imparare, di rinnovarci e, se gli adulti di oggi riescono a destreggiarsi, seppur con non poche fatiche, per quelli di domani sarà impossibile. Impiego fisso e stabilità saranno lontani anni luce e dovranno cedere il passo alla flessibilità lavorativa.

Si stima che in un futuro molto prossimo un individuo cambierà diversi lavori nell'arco della propria vita e non sarà un'eccezione, bensì la regola. Quindi, chi avrà la meglio? Coloro per i quali cambiare è normale, fa parte del gioco. E non sarà sufficiente l'atteggiamento flessibile, occorreranno sempre più competenze specifiche, abilità particolari, soprattutto nell'ambito relazionale e comunicativo.

Scuola e genitori devono formare individui pensanti, critici, perennemente in formazione. Bisogna fare nostro il Kaizen, la filosofia giapponese che prevede un continuo e costante miglioramento. E invece ci attardiamo e ostiniamo a trasmettere un sapere non spendibile perché, una volta appreso, è già diventato obsoleto.

Bisogna allora imparare a disimparare e reimparare nuovamente lungo tutto il percorso della nostra vita. Bisogna essere eterni discenti, come ci insegna Felice Leo Buscaglia, il professore che teneva i corsi sull'amore.

Nel libro *Vivere, amare capirsi*, racconta che, quando era bambino e si ritrovava a cena con tutta la famiglia, suo padre chiedeva puntualmente a lui e alle sue sorelle cosa avessero imparato di nuovo quel giorno. La risposta «niente» non era contemplata così, a volte, gli capitava di sbirciare nell'enciclopedia di casa qualche minuto prima di mettersi a tavola. La domanda e le risposte arrivavano puntuali, così come il moto di orgoglio e di approvazione del padre. Ma la cosa straordinaria è che «Ancora adesso quando Felice lavora cento ore al giorno e se ne va a letto, sente papà che dice: "Felice, che cos'hai imparato oggi?" E se non riesco a trovare qualcosa, sento la voce di papà che dice: "Enciclopedia". Imparo qualcosa e allora posso dormire».

Occorre investire prima di tutto su se stessi, perché possono portarci via la casa, il lavoro, i soldi, ma la nostra formazione mai. Quello che abbiamo imparato e ciò che siamo diventati rimane nostro per sempre e vi possiamo attingere in qualsiasi momento.

Caro genitore, tuo figlio non ha bisogno che gli lasci in eredità case e soldi, ma gli strumenti per conoscere se stesso, per imparare a gestire le sue emozioni, per scoprire i suoi talenti e con essi camminare sulle proprie gambe nel mondo. Sarà egli stesso a costruirsi il futuro finanziario e lavorativo che desidera. Della casa in cui ha vissuto, da grande non ricorderà il colore delle pareti, ma le emozioni che ha provato.

Un lungo viaggio

Ogni insegnante, come ogni genitore, vorrebbe che l'apprendimento fosse una strada priva di ostacoli percorsa con leggerezza, semplicità e gioia da ogni alunno e figlio. È un desiderio legittimo. Le cose, però, nella realtà stanno diversamente.

Il processo apprenditivo, per quanto naturale, è al contempo semplice e complesso, normale e speciale, e può rivelarsi pieno di insidie se non lo si conosce bene. Pensiamoci. Quando decidiamo di fare un viaggio di piacere in una terra straniera, magari esotica, prima di tutto ci documentiamo sulle caratteristiche climatiche, geografiche, culturali, alimentari e ci prepariamo al meglio per affrontare eventuali disagi che dovessero emergere. Magari chiediamo consigli a chi c'è stato prima di noi. Prepariamo valigie ad hoc e non lasciamo nulla al caso.

Il nostro obiettivo è stare bene, divertirci e imparare qualcosa di nuovo. L'esperienza scolastica è esattamente questo: un viaggio intrapreso tanto dal bambino quanto dal docente e dal genitore. Ognuno con il proprio bagaglio, ognuno con le proprie aspettative, ognuno con i propri obiettivi e desideri e, per quanto concerne gli adulti, con un'unica grande meta: aiutare quel bambino a crescere e a diventare un individuo autonomo e felice, capace di contribuire al bene della società.

Ogni anno, a partire già dalla seconda metà di agosto, cominciano i preparativi. Si possono vedere genitori alle prese con i primi acquisti. Noi docenti cominciamo a pianificare l'accoglienza, il lavoro da svolgere nei primissimi giorni. Molti colleghi, come me, lavorano anche durante i mesi estivi, ma questo rientra in quel sommerso positivo di cui nessuno fa menzione.

Arriva poi settembre. Nell'aria c'è fermento. Ovunque ti giri vedi negozi e supermercati che mettono in bella vista tutti gli attrezzi per il migliore degli inizi. Zaini, quaderni e diari alla moda sono i più gettonati; seguono colori, matite, grembiuli. Ce n'è per tutti i gusti: per chi fa il suo primissimo ingresso, per chi è oramai un veterano, per il timido e l'estroverso, per il curioso e per chi proprio non vuole saperne. Anche questi ultimi, però, addolciscono la pillola scuola scaldandosi e ancorandosi a qualche oggetto particolare che puntualmente mostreranno orgogliosi a compagni e maestre.

Il viaggio scolastico inizia, ma siamo davvero preparati per affrontarlo? Ricorda, intraprendiamo un viaggio per stare bene, per divertirci e per imparare qualcosa di nuovo.

Il viaggio inizia dal vissuto del bambino
Ormai è acclarato che la personalità di ognuno di noi si costruisce nei primissimi anni di vita. Che ci piaccia o no, veniamo da lì e, quando un bambino fa il suo ingresso alla scuola primaria, a sei anni circa, è già portatore di un suo mondo che riconosce come tale e nel quale si destreggia con padronanza.

Ben lungi dal pensare quel che è fatto è fatto, il suo background diventa piuttosto il trampolino di lancio da cui partire. Se io insegnante prescinderò da questo, i miei tentativi educativi, per quanto encomiabili, saranno destinati a fallire miseramente. Se non riconosco, se non accetto, se non rispetto il vissuto del bambino, non riuscirò mai a essere riconosciuta, accettata e rispettata da lui.

Me lo ha ricordato Federico un po' di anni fa. La prima volta che lo vidi rimasi impressionata. Aveva sette anni, ma il suo viso sembrava averne molti di più. Era lì che portava tutti i segni di una vita vissuta troppo velocemente. Sul suo volto non c'erano lividi o cicatrici, ma si potevano scorgere inquietudine, traumi, delusioni, paure.

Si distingueva subito dagli altri, anche per l'atteggiamento sprezzante nei confronti di ogni forma di autoritarismo o autorevolezza. Faceva fatica a rispettare le regole, anche le più semplici, voleva primeggiare su tutti, pari e adulti.

Gestire un bambino del genere non è affatto semplice. Ci sono stati momenti in cui ogni strategia applicata risultava vana. Ma non potevo arrendermi, dovevo trovare la chiave di accesso per instaurare un rapporto di fiducia ed empatia.

Decisi di partire dai suoi punti di forza. Era un bambino intelligentissimo, con un grandissimo senso pratico e una leadership fortissima. Grazie a quest'ultima ci fu la svolta. Cominciai a far leva proprio sulla sua volontà di essere leader, affidandogli compiti importanti inerenti la gestione e l'organizzazione temporale e spaziale delle attività scolastiche, nonché la sorveglianza del gruppo classe durante la ricreazione.

Così, da elemento di disturbo, diventò il moderatore anche nelle diatribe che ogni tanto avvenivano tra i compagni.

Ricordo come fosse adesso che, quando richiamavo dal giardino il gruppo perché la ricreazione era finita, lui era il primo a rientrare in aula. A volte mi chiedeva di lasciarli giocare ancora cinque minuti. Non ho memoria di un mio rifiuto a questa richiesta, ma i minuti non sono mai diventati sei. Supervisionavo il tutto con discrezione.

Ad aver funzionato non è stato l'affidargli semplicemente un ruolo o dei compiti, bensì la fiducia incondizionata che ho riposto in lui. Ha sentito profondamente che in lui vedevo del bello, che rispettavo anche quel suo lato distruttivo e aggressivo perché era parte della sua storia. Lui era anche questo.

Quando l'ho accettato davvero in toto, ha iniziato ad accettare me. Non ho mai preteso che indossasse il grembiule, come facevano alcuni miei colleghi ritenendo che la scolarizzazione e il rispetto delle regole passasse anche da lì. Pur rispettando il loro punto di vista, non gli ho mai fatto questa richiesta. I bambini si conoscono benissimo tra loro. Di ognuno sanno pregi e difetti. Sono certa che nessuno dei suoi compagni si sia mai sentito offeso per il fatto che fosse l'unico a non indossarlo.

Quando le cose vengono spiegate e motivate, i bambini sanno andare oltre. Noi adulti ci riempiamo la bocca di educazione alla diversità, ma spesso diventiamo i primi a limitarla. Loro sanno già tutto.

C'erano giorni in cui Federico si rifiutava di eseguire anche il lavoro più semplice. Rispettavo questi suoi momenti di apatia. Erano inevitabili essendo cresciuto in una famiglia molto particolare, che non contemplava all'interno del proprio ventaglio valoriale l'amore per lo studio e il sapere.

Ho sempre preposto la relazione alla didattica, la comprensione di un'emozione all'acquisizione di una formula matematica. So per certo che, se con lui avessi fatto accanimento didattico, avremmo perso entrambi l'occasione di incontrarci a un livello più profondo. Spesso un insegnante si trova a dover scegliere cosa nutrire e cosa lasciare, cosa evidenziare e cosa oscurare, almeno per un po'. A volte le mere informazioni, le nozioni, devono fare un passo indietro a vantaggio degli aspetti più profondi e imprescindibili del processo educativo, perché la scuola, ricordiamocelo, non informa, educa.

Oggi Federico è un adolescente. L'ho rivisto diverso tempo fa. Mi è venuto incontro con un grande sorriso. Era ben pettinato e indossava un vestito elegante; paradossalmente il suo volto era più rilassato e giovane di quanto non fosse mai stato negli anni addietro.

Mi parlava dandomi del lei e mi chiese: «Si ricorda com'ero? Quante ne ho fatte passare a voi maestri!» Nelle sue parole, in quel suo abbraccio, nei suoi sguardi, c'era tanta tenerezza. Nei suoi occhi vidi tanta gratitudine. Lo salutai dicendogli: «Mi raccomando...» Lasciai la frase a metà. Annuì.

Insegnando ho imparato
Sono stata sempre un'insegnante sui generis e, da quella prima volta in cui ho varcato il cancello della scuola di Soliera, un paesino modenese, dov'è iniziata la mia avventura scolastica, mi sono

sempre posta le stesse domande. Cosa posso donare a questi bambini? In che modo posso fare la differenza nella loro vita? E la risposta l'ho trovata in tutto ciò che avrebbe voluto Nunzietta bambina, in tutto ciò di cui avrebbe avuto bisogno per risparmiarsi sofferenze e tanta fatica.

La mia maestra era una persona anziana, molto autoritaria. Di lei ricordo nitidamente gli abiti scuri – solitamente a fantasia su uno sfondo marrone – il suo inconfondibile rossetto fucsia e il portasigarette damascato che apriva spesso con un gesto deciso e austero, proprio come era lei (ahimè fumava in classe!). Non ho ricordi di un sorriso, di un abbraccio, di una carezza, di un complimento. Eppure ero brava, ligia e rigorosa nell'esecuzione dei compiti.

Ero una bambina timida, sensibile e rispettosa, ma tutto questo non mi ha risparmiato di sperimentare né il dolore di qualche bacchettata (a pensarci mi vengono ancora i brividi), né l'umiliazione di non sentirmi mai all'altezza.

Ovviamente la mia maestra ha fatto quello che poteva con le risorse che aveva e non penso fosse consapevole di poter procurare dei danni. È inevitabile commettere errori, in quanto impliciti in ogni relazione umana, soprattutto duratura, ma credo anche che mettersi in discussione, ammettere i propri sbagli, chiedere scusa, donare con umiltà, possano essere un balsamo dolce e riparatore per tutte le volte che, anche inconsapevolmente, si smarrisce la strada maestra.

Pur non avendo mai ricevuto questo balsamo lenitivo, ho imparato da quella esperienza incarnando, da adulta, un modello educativo completamente diverso. In passato ero molto più rigida, non con i bambini, ma con me stessa; non contemplavo l'idea di non rispondere a una domanda posta da un mio alunno. Esigevo da me stessa livelli di prestazione assurdi, massacranti. Poi con il tempo ho mollato la presa e la flessibilità è diventata un mio punto di forza, fino a essere il leitmotiv della mia stessa didattica.

Non si può sapere tutto e questo, anziché essere un limite, trovo sia bellissimo. I bambini mettono spesso in difficoltà, sanno spiazzare, sanno essere disarmanti e oggi, quando questo accade, semplicemente lo accolgo e ne faccio tesoro. Quando fanno domande impossibili, dico loro: «Questa cosa non la so, adesso la vediamo insieme»; oppure: «Mi informerò e vi farò sapere in questi giorni».

Se un adulto, qualunque sia il ruolo che riveste, si mostra a un bambino così com'è, con i pregi e i difetti, con i propri punti di forza e le proprie aree di miglioramento, non può che accrescere la stima di quel bambino nei suoi confronti, non può che rendersi più credibile e degno di rispetto e di fiducia.

L'arte dell'incontro
Nonostante la forza impattante del digitale, famiglia e scuola rimangono le agenzie di socializzazione primarie. Qualunque bambino, anche quello nascosto nell'angolo più remoto della Terra, vuole essere amato e seguito dai suoi genitori e dai suoi insegnanti. Oggi queste figure vivono una profonda crisi, ma questo non vuol dire che non ci possa essere un'inversione di tendenza.

Quando mi sento dire con rassegnazione «Si è sempre fatto così», io rispondo: «Bene, da ora si cambia!» Si può fare, si sta già facendo. Io sono molto fiduciosa! Spesso la parola cambiamento ci spaventa, ci procura ansia, disagio e ci paralizza. Quello che è importante capire è che non bisogna pensare di fare azioni che stravolgano repentinamente la nostra vita. Si tratta piuttosto di fare piccoli passi ogni giorno, ognuno con i propri tempi.

È incredibile vedere come, passo dopo passo, si arrivi alla meta, a volte inaspettatamente e prima del previsto. Nella mia vita ho avuto molti cambi direzionali che sono scaturiti da molteplici incontri. Bisognerebbe educare all'arte dell'incontro, non solo delle persone. Io ho incontrato libri, parole, sguardi che a volte hanno scavato più in profondità, portando fuori ciò che era sepolto o sopito; altre volte hanno tolto il superfluo.

In una classe quinta, qualche anno fa i miei alunni "incontrarono" lo scrittore e professore francese Daniel Pennac. Ne furono conquistati. Egli racconta che da piccolo era un pessimo studente, probabilmente uno dei peggiori. Non amava studiare e, di conseguenza, raccontava un sacco di bugie per giustificarsi.

Un giorno il suo professore di francese si accorse di questa sua fervida immaginazione e, anziché biasimarlo per quello che non andava, si focalizzò su questa sua abilità. Possiamo sempre scegliere da che punto guardare le cose e il professore scelse di farlo da quello migliore.

Lo esonerò da ogni compito contemplato dai programmi e gliene affidò uno solo: scrivere un romanzo. Gli propose di produrre dieci pagine a settimana. Da allora ci fu la svolta per Daniel che, grazie a quel professore, imboccò la strada della salvezza. È grazie a lui se è diventato scrittore, professore e animo sensibile, promotore amorevole e passionale della cultura e della conoscenza.

I miei alunni rimasero affascinati da tutto questo. Ne scaturì una profonda e partecipata autoanalisi dei propri punti di forza. Scrivemmo e riflettemmo su molteplici frasi potenzianti. Quei giorni in classe furono fervidi di domande, sentivo di seminare qualcosa di incredibilmente pregnante per i ragazzi. Se avessi incontrato anch'io un prof così, la mia vita sarebbe stata diversa.

La storia è piena di esempi come quello di Pennac, bisognerebbe decidere di dedicare almeno un'ora a settimana al racconto di storie di uomini e donne di eccellenza. Quanto inciderebbe sulla vita di bambini e ragazzi? Quanto affinerebbero la loro capacità di resilienza? Si potrebbe fare, si può fare, qualcuno già lo fa. Ma solo a scuola? Certo che no!

Caro genitore, se tuo figlio è insicuro, svogliato, se ha una bassa autostima, leggigli queste storie. Recupera biografie di persone di successo, in vari campi. Nutrilo con esempi positivi, educalo allo straordinario. Sii il talent scout di tuo figlio!

Riporto di seguito alcune domande-stimolo che sarebbe bene accompagnassero sempre questo tipo di lettura. Quali caratteristiche di questo personaggio mi piacciono? In cosa mi sento simile a lui/lei? Qual è la capacità che potrei sviluppare adesso, proprio come ha fatto il protagonista della storia? Cosa mi riesce facile e veloce? In che cosa ottengo i migliori risultati (una disciplina scolastica, uno sport, una passione coltivata...)? Cosa penso mentre faccio ciò che mi piace? Quali emozioni provo? Mi piacerebbe diventare ancora più bravo in questo? Se mi impegnassi come ha fatto il protagonista, quali risultati otterrei?

Quando ci poniamo delle domande, diamo un comando al nostro cervello, che si attiverà per trovare tutte le possibili risposte.

Allenarsi e abituarsi a porre e a porsi domande di qualità, sviluppa l'attitudine al pensiero divergente, potenzia la capacità critica, intesa come abilità analitica delle situazioni, al contempo personale e oggettiva, per osservare la realtà, se stessi e gli altri da punti di vista nuovi e inesplorati. Insegniamo e alleniamo i giovanissimi a porsi domande ma, per fare questo, è necessario che noi stessi siamo i primi a farlo.

Diversi anni fa, partecipai a un corso di crescita personale della durata di circa una settimana, un'incredibile full immersion esperienziale dal punto di vista fisico, emotivo, mentale. Eppure, quando mi capita di raccontarla, la condenso in una domanda che un relatore ci pose: «Tu vuoi avere ragione o vuoi essere felice?»

Ricordo come fosse adesso. La sentii arrivare alla bocca dello stomaco e poi giù, ancora più in profondità, con una forza inaudita. Risuonò dentro di me per giorni, per mesi, per anni, e non ha mai smesso di farlo. Oggi ha la stessa forza di allora, è una delle mie domande guida!

RIEPILOGO DEL CAPITOLO 1:

- SEGRETO n. 1: Che sia una lezione di vita o il significato di una parola, trova ogni giorno qualcosa di nuovo da imparare per rimanere sempre aperto e curioso come un bambino.
- SEGRETO n. 2: Per instaurare una relazione autentica con un bambino o un adolescente e generare cambiamenti positivi, anche in situazioni difficili, non è sufficiente valorizzare i suoi punti di forza. Bisogna accogliere, accettare e comprendere totalmente il suo vissuto.
- SEGRETO n. 3: Imparare dagli errori degli altri velocizza la propria evoluzione.
- SEGRETO n. 4: Essere flessibili ci rende più magnanimi con noi stessi e verso gli altri e ci fa vivere le esperienze in modo più leggero.
- SEGRETO n. 5: Esercitati nell'"arte dell'incontro". Ricorda che ogni cosa – una persona, un libro, una frase – può rivelarsi fonte di ispirazione e opportunità di cambiamento.
- SEGRETO n. 6: Nutri te stesso e le persone di cui ti prendi cura con biografie di chi, nonostante le difficoltà, è riuscito ad attingere al suo potenziale diventando un'eccellenza.

Capitolo 2:
Il vero ruolo di genitori e insegnanti

Mettersi in gioco

Il lavoro che svolgiamo, al di là del fatto che lo abbiamo scelto oppure no, che ci piaccia o meno, racconta la nostra storia, dice chi siamo e può essere una cartina di tornasole per comprendere dove stiamo andando, che evoluzione stiamo facendo, quanti cambiamenti stiamo attuando nella nostra vita, cosa stiamo donando agli altri. Se impariamo a fargli le giuste domande, esso può diventare un grande mentore.

Conosco molte persone che vivono una vita dicotomica: lavorano per vivere, come se si potesse farlo per compartimenti stagni. Questo non è possibile, perché nel lavoro riversiamo sempre ciò che siamo, anche inconsapevolmente. Diversamente vivremmo una "schizofrenia".

Alcuni si ritengono bravi perché hanno accumulato diversi anni di esperienza, ma la qualità professionale non dipende da questo. Spesso si tratta di ripetizione dello stesso processo, dello stesso approccio per anni. La nostra identità, ciò che siamo davvero, determina ogni azione e si riverbera inevitabilmente in ogni ambito, privato e non.

Caro collega, prova a chiederti con umiltà e immenso amore per te stesso: Dov'ero dieci anni fa e dove sono adesso? Com'era il mio approccio con i miei alunni? E com'è oggi? La qualità della mia relazione con loro è la stessa o è cambiata nel tempo? È migliorata o si è incrinata? Quali sono le emozioni e gli stati d'animo più ricorrenti che vivo a scuola? Quanto incidono sul mio benessere psicofisico? Quanto sulla mia sfera privata?

Bambini e ragazzi sono cambiati, è dunque anacronistico relazionarsi con essi così come facevamo venti, quindici o anche solo dieci anni fa. Bisogna attrezzarsi, sia per ridurre il livello di stress, spesso altissimo, che innegabilmente questo lavoro produce, sia per rendere l'azione educativa e l'impegno profuso efficaci.

E tu, caro genitore, che genitore eri e che genitore sei adesso?

Prenditi qualche minuto, stacca il telefonino, concediti uno spazio per entrare nella tua intimità più sacra e autentica. Chiediti come stai vivendo la genitorialità. Ogni madre e ogni padre fa del suo meglio, ma questo non basta. Se fossero sufficienti l'amore e le buone intenzioni, saremmo tutti bambini e poi adulti felici. L'intento non ci preserva dall'errore, ma deve essere supportato dalla consapevolezza e dalle giuste azioni. Prima però di fare ciò, devi partire da te stesso, dal tuo bambino interiore. Se ti annulli come persona, ciò che gli darai saranno briciole rispetto a quanto potresti.

Seguimi in questo esercizio. Trova una posizione comoda, chiudi gli occhi, fai dei respiri profondi e torna con la mente a quand'eri piccolo. Che bambino eri? Cosa sognavi? Com'erano i tuoi genitori? Cosa avresti voluto da loro? Cosa ti aspettavi che non è mai arrivato? Che emozioni provavi?

Ripensa a una situazione per te significativa, richiama le emozioni di quel momento. Cerca di ricordare quanti più dettagli possibili su quello che provavi, quello che pensavi, su come reagiva il tuo corpo. Nel tuo inconscio è impresso tutto. E, se avrai voglia di piangere o ridere, fallo. Rimani con quelle sensazioni per un po', vivile vividamente.

Quando ti sentirai pronto a ritornare nel qui e ora, fai qualche respiro profondo, comincia a muovere le mani, i piedi, riprendi contatto con il tuo corpo. Riapri gli occhi e scrivi di getto tutto ciò che è emerso, senza giudizio, senza condanna e, soprattutto, senza vergogna. Tu sei questo: pura autenticità.

Ora chiediti: In cosa sono diverso e uguale ai miei genitori? In cosa mio figlio assomiglia al bambino che ero? Sto soddisfacendo davvero i suoi bisogni? È davvero questa l'educazione che desideravo impartirgli?

Te lo ripeto, non giudicarti e sii sincero fino in fondo. La prima volta sarà estremamente difficile, ma avrai superato lo step più importante. Ogni maratona, anche la più grande, comincia con il primo passo, poi è tutto un divenire, magari un po' faticoso, ma naturale.

Rifai l'esercizio tutte le volte che ne senti il bisogno. Ogni volta scoprirai qualcosa di te e potrai apportare quei cambiamenti anche piccoli nella relazione con i tuoi figli e, prima ancora, con te stesso.

Costruire ponti
L'Italia è una nazione fragile. Fragile dal punto di vista geologico e anche da quello strutturale. Negli ultimi anni abbiamo assistito a crolli di case, scuole, ponti, interi paesi e, con essi, alla distruzione di tante famiglie. Purtroppo a crollare sono anche i ponti della relazione umana, della sinergia, dell'empatia, della consapevolezza, dell'amore, e la scuola ne è un esempio eclatante e tangibile.

Molte scuole italiane non sono a norma, presentano strutture fatiscenti dove impera lo sporco e il brutto; aule piccole che miracolosamente riescono a contenere un numero di studenti maggiore dell'effettiva capienza, banchi e sedie più alti o più bassi rispetto all'età e alla statura degli alunni. Eppure tutto questo rimane un aspetto marginale e superabile, a patto che ne siano presenti altri ben più importanti.

Facciamo l'esempio di un bambino che fa il suo ingresso alla scuola primaria. Per quanto possa avere delle aspettative create dagli adulti di riferimento, accetterà di buon grado tutto ciò che gli sarà offerto. Ma questa sua capacità di adattamento può essere, e spesso lo è, un'arma a doppio taglio. Davvero pensiamo che gli interessino soprattutto il colore delle pareti, le aule addobbate, i banchi, le sedie nuove?

Tutto questo, se presente, catturerà la sua attenzione e potrà entusiasmarlo all'inizio, ma perderà in breve tempo il suo fascino se non sarà supportato da altro. A scuola il bambino vuole essere considerato, accettato, amato, esattamente come a casa. La considerazione, l'accettazione e l'amore devono essere l'imprescindibile collante tra genitori e figli, tra insegnanti e alunni, tra insegnanti e genitori. Potrà sembrare che io abbia un punto di vista utopistico, romantico, eppure lo ritengo il più concreto e pratico che ci sia.

L'istituzione scolastica tutta va rinnovata. Vanno ridefiniti in primis i paradigmi su cui poggia e gli obiettivi che si prefigge. Per fare questo, genitori e docenti devono diventare costruttori di ponti.

Ogni volta che mi insedio in una nuova classe, punto sempre l'attenzione sulla relazione, sull'importanza di avere unità d'intenti per costruire davvero un gruppo classe compatto. Via ogni forma di competizione e di confronto tra i bambini. Della didattica ho sempre solo accennato, e ribadito, che è la conseguenza di tutto il resto.

Nel corso degli anni ho incontrato decine di genitori capaci di mettersi in discussione che, con umiltà, hanno chiesto aiuto e consigli. Per la schiettezza che mi contraddistingue, non ho mai mancato di dire ciò che pensavo, anche quando avrei potuto non essere capita, come in alcuni casi è accaduto. Fatta eccezione per poche situazioni, fisiologiche e inevitabili, in un lavoro come il mio, fondato sulle relazioni umane e sugli incontri quotidiani, sono riuscita a costruire sempre ottimi rapporti con i genitori, che mi hanno dimostrato stima e fiducia.

Non hanno mai messo in discussione il mio operato, non mi hanno mai prevaricato. Il nostro rapporto si è sempre basato sul rispetto dei ruoli e il dialogo ne è stato un importante nutrimento. Ma il vero collante di tutto ciò sono stati sempre i bambini e il loro stare bene a scuola. E, se da una parte ho accettato che qualche genitore potesse non comprendere e non apprezzare il mio lavoro, dall'altra ho sempre preteso da me stessa di giungere al cuore di ogni mio alunno, di trovare per ognuno la giusta chiave, per ognuno, nessuno escluso.

In questo rapporto "impari" mi sono sempre assunta la totale responsabilità. Ricordo le parole di un papà che, nel giorno del saggio di fine anno, mi strinse la mano e, ringraziandomi per i cinque anni durante i quali mi ero presa cura della sua bambina, aggiunse: «Mi complimento, maestra, perché ciò che promise cinque anni fa, il primo giorno di scuola, lo ha mantenuto fino alla fine. È stata sempre la stessa. Grazie anche per la sua coerenza».

La solitudine del docente
Caro collega, quante volte hai investito soldi, tempo, energia in corsi di aggiornamento che sembravano la panacea di tutti i mali, salvo poi rivelarsi inutili, teorici, ripetitivi, sterili sul piano applicativo! Carico di aspettative, hai lasciato figli, famiglia e rimandato impegni, per poi tornare a casa con un vuoto dentro, con un senso di solitudine, quello stesso che sentiamo quando

siamo in classe, alle prese con situazioni difficili. È uno strano lavoro il nostro, tanto bello quanto complesso, e conosco bene quella sensazione di vuoto e di impotenza, quella frustrazione, quella solitudine. Mi sono sentita sola tante volte.

I primi anni sono stati particolarmente duri. Avevo una classe di 27 bambini, molti dei quali con grandi difficoltà in ambito sia didattico che comportamentale. All'epoca non avevo tutti gli strumenti che ho a disposizione ora e, credimi, se li avessi avuti per me avrebbero fatto la differenza. Non solo avrei lavorato in un clima più sereno, ma avrei potuto aiutare i miei alunni molto di più.

Spesso tornavo a casa e bevevo una camomilla, sprofondavo sul divano spossata, priva di energia. Ero molto più lenta anche nel pianificare il lavoro. La scuola assorbiva la quasi totalità del mio tempo e delle mie energie sottraendola alla mia sfera privata. In sintesi, praticavo molto sforzo per un risultato minimo.

Inoltre, facevo più fatica a gestire le mie emozioni e, per quanto entrassi in classe con le migliori intenzioni, con il chiaro progetto di lasciare fuori i miei problemi personali, per esempio, perdevo la pazienza come non avrei voluto. Frustrazione, senso di inadeguatezza e impotenza, delusione, rabbia... tornavo a casa con l'autostima sotto ai piedi.

Di tutto questo facevo menzione con pochissime persone. A quel tempo chiedevo raramente aiuto, confondevo la dignità con l'orgoglio, pensando erroneamente che chi mostra la propria fragilità perde la leadership. Quanto mi sbagliavo e quanto tempo avrei recuperato se solo avessi compreso prima che mostrare le proprie fragilità rende meravigliosamente veri e degni di ammirazione!

Devi sapere che, ancora oggi, nonostante io abbia una consapevolezza di base e utilizzi una miriade di strumenti, ci sono giornate particolarmente difficili e stressanti nelle quali sembra che nulla funzioni per rasserenare i bambini o catturare la loro attenzione.

Ma adesso, quando succede, so che è un momento passeggero e fisiologico, perché non esiste la tecnica perfetta e sempre valida per gestire un gruppo classe o calmare un bambino. Esiste bensì un ampio ventaglio di strategie e strumenti che possono essere utilizzati a seconda del momento, della situazione, dell'alunno.

Dunque, se una strategia ha funzionato per un po', potrebbe all'improvviso non essere più adatta? Purtroppo sì! Allora in quel caso che si fa? Si cambia! Si prova una nuova strategia, un nuovo approccio, un nuovo linguaggio.

Noi esseri umani siamo meravigliosamente complessi e abbiamo bisogno a un tempo di stabilità e novità. Quello che ho imparato dalla mia esperienza è che lavoro e vita privata non sono disgiunti. Se miglioro come persona, migliorerò automaticamente come insegnante. La qualità del mio lavoro è migliorata nel tempo, mano a mano che crescevano la consapevolezza e la conoscenza di me stessa.

Quando ho iniziato a riversare in classe ciò che stavo diventando, la mia professionalità ha fatto un enorme salto di qualità. E oggi, ogni qualvolta non ottengo il risultato che voglio, non mi sento inadeguata. Mi faccio domande potenzianti, capaci di suscitare risposte diverse. Metto in discussione il mio operato del momento, non la persona che sono. Passo in rassegna lo stato d'animo che avevo in classe, il mio linguaggio verbale e, soprattutto, paraverbale e corporeo. Quest'ultimo è importantissimo.

Pertanto, la prossima volta che non riesci a gestire il gruppo classe, o magari vuoi gestirlo meglio, chiediti: Com'è la mia postura in questo momento? Se sei in chiusura, apriti. Com'è la mia respirazione? Se è corta, fai un respiro profondo. Vedrai che la tensione si scioglierà immediatamente. E il linguaggio verbale? Adottane uno positivo. Dire al bambino di non urlare equivale a dirgli urla. Il cervello non riconosce il non. Trasforma tutte le tue frasi in positivo (di questo ti parlerò approfonditamente più avanti).

Caro collega, smetti di formarti nella tua disciplina e comincia a lavorare su te stesso. Basta nozioni, sai già tutto ciò che serve, per il resto c'è il mare magnum digitale. Tutto il sapere è a portata di un clic, ma bambini e ragazzi hanno bisogno di esempi di vita. Ognuno di noi ha bisogno di una ritrovata umanità.

Genitori, un prezioso anello della catena

Caro genitore, io ti ho visto sai, tante volte ti ho visto: trafelato e di corsa, chiedere scusa per un ritardo all'uscita da scuola; dispiaciuto e incredulo per un comportamento scorretto di tuo figlio; attento ascoltatore, desideroso di sapere del tuo bambino studente; gioire per le sue conquiste e ridere per le sue battute; preoccupato per le sue difficoltà; grato e felice per il lavoro svolto con il tuo cucciolo; testardo e fermo sulle tue posizioni; umile, disponibile e amorevole nel chiedere e accettare consigli.

Ti ricordo in un tiepido pomeriggio di febbraio. Siamo soli, ci sediamo a un banchetto, circondati da un grande silenzio. Bambini, collaboratori e insegnanti sono andati via. Gli addetti alle pulizie non sono ancora arrivati. La pace intorno a noi ci permette di parlare in maniera rilassata, fuori da ogni vincolo orario.

Parliamo, parliamo tanto. Mi racconti a cuore aperto delle difficoltà nel gestire un lavoro molto delicato ed emotivamente forte, che ti porta via energia e sonno; della separazione dal coniuge; della rabbia della bambina, riscontrata fin dalla scuola dell'infanzia. Il tuo è un racconto intriso di bisogno di esternare, di pudore, di fiducia e gratitudine per chi ti sta ascoltando.

I frutti della nostra chiacchierata arrivano appena due giorni dopo, quando la bambina, chiamandomi al suo banco, con un mega sorriso mi mostra un bigliettino che tu avevi preparato e nascosto nel suo astuccio. In esso ribadivi quanto grande fosse il tuo amore per lei e le ricordavi di essere dolce con tutti i compagni. Era davvero bellissimo, tutto colorato e pieno di cuori.

Nei giorni seguenti ne trova altri con forme e colori diversi, tutti con messaggi amorevoli. Io non ti avevo suggerito nulla di specifico, avevo solo sottolineato quanto fosse importante esternare l'amore ai propri figli, perché non ne hanno mai abbastanza. Il tuo ascolto attivo ha trasformato le mie parole in azioni. Hai scelto tu la modalità, la migliore. Lia ha cominciato a trasformare la sua rabbia in energia costruttiva, imparando a gestirla e cominciando a nutrire la sua parte dolce.

Quel giorno, venisti ai colloqui. L'avventura scolastica di Michela era iniziata da pochi mesi e tu eri molto preoccupato perché la bambina era sempre gioiosa, non solo a scuola, ma anche a casa quando faceva i compiti. Io ti ascoltavo stupita, non riuscivo a capire quale fosse il problema, fino a quando non fece capolino la tua credenza secondo la quale "la scuola è una cosa seria e va presa seriamente". Capovolgendo la situazione, fui io a stupire te, quando sorridendo ti dissi che tutto questo era bellissimo, che non potevo avere gratificazione maggiore, che si impara proprio giocando, che la scuola è una cosa seria, sì, ma non seriosa!

Ti ricordo parlarmi ripetutamente per definire insieme le strategie più funzionali, volte a correggere dei comportamenti distonici di tuo figlio.

E quella volta la ricordo come fosse adesso. Da diversi giorni Leonardo nei miei confronti era cambiato. A un tratto era diventato scostante, freddo. Non riuscivo a comprenderne le ragioni, ero determinata a parlarti, ma tu mi anticipasti. Rimasi di stucco quando mi dicesti che io avevo deluso il bambino, perché in classe mi ero resa, mio malgrado, coprotagonista di un diverbio con una collega. In quell'occasione avevo alzato la voce e Leonardo non mi aveva "riconosciuta". Il giorno dopo il nostro incontro, parlai al gruppo classe, chiesi scusa per l'accaduto. Tra me e Leonardo tornò il sereno, mi aveva perdonato. I bambini si fidano di noi e ci chiedono coerenza.

Essere genitori è un'arte che va appresa esattamente come tutti gli altri mestieri. La risposta è sempre l'amore, ma da solo non basta. Bisogna costruirsi la propria cassetta degli attrezzi, oggi più che mai ricca e variegata. Leggi libri di pedagogia, di psicologia, di crescita personale; renditi degno di fiducia da parte di tuo figlio; dimostragli in maniera fattiva, non solo a parole, che lo ami; dedicagli tempo, un tempo che includa solo voi due; coltivate qualche passione o hobby insieme; continua a crescere con lui; vivi la genitorialità come la grande occasione per nutrire il bambino che è in te; ritorna a fare ciò che da piccolo amavi.

Pensa che bello saltare insieme in una pozzanghera. Riesci anche solo a immaginarlo, tuo figlio? Impazzirebbe di gioia. Non limitarti a portarlo al cinema, ma fanne un'occasione di riflessione e condivisione. Supportalo nei compiti a casa, anche se è autonomo. Non pensare ai piatti da lavare, all'auto da pulire, siediti accanto a lui. Se decidi di esserci, sii davvero presente. Donagli l'esclusiva e, mentre lo fai, ricordati che lo stai nutrendo. Fallo a piene mani senza limiti.

In questo modo, da adulto la sua parte bambina non avrà nulla da recriminare. Tieni sempre bene a mente che un bambino che si sente poco amato è destinato a essere un adulto infelice e poco amato. Mantieni un rapporto civile con il padre/la madre di tuo figlio. Fai tutto il possibile per costruire una relazione sana con gli insegnanti. Non demonizzare mai le altre sue figure di riferimento. Ricorda: un genitore, una maestra, un prof sono per sempre!

«È più facile crescere bambini forti che riparare uomini rotti» (Frederick Douglass).

RIEPILOGO DEL CAPITOLO 2:

- SEGRETO n. 1: Fermati. Osserva i risultati che stai ottenendo nel tuo lavoro, verifica se sono corrispondenti alle tue intenzioni, ai tuoi valori e alle esigenze dei bambini e ragazzi di oggi. Consapevolizza le tue emozioni e gli stati d'animo predominanti. Fai il punto della situazione e agisci di conseguenza.
- SEGRETO n. 2: Per migliorare il rapporto con tuo figlio, ricontatta il tuo bambino interiore. È lui che può darti le risposte che cerchi.
- SEGRETO n. 3: Genitori e docenti devono impegnarsi a costruire solidi ponti relazionali, cementati da rispetto, stima, fiducia, cooperazione, chiarezza di competenze e responsabilità reciproche.
- SEGRETO n. 4: Per trovare la "chiave di accesso" di un bambino bisogna che l'adulto si assuma la totale responsabilità della relazione.
- SEGRETO n. 5: Se dovessi darti un solo consiglio, senza alcuna esitazione ti direi: lavora su te stesso!
- SEGRETO n. 6: L'arte del genitore si affina attraverso l'impegno e una formazione continui, ritagliando momenti esclusivi e di qualità con i propri figli.

Capitolo 3:
Come potenziare la mente

L'arte in classe

La frammentazione didattica, che attribuisce a ogni insegnante una serie di discipline, escludendone altre, ha voluto che lo scorso anno io non insegnassi Educazione all'Immagine. Ovviamente solo ufficialmente, visto che con i pargoletti di sei anni sarebbe stato impossibile fare didattica e instaurare un rapporto sano ed empatico tenendo fuori il mondo dei disegni e dei colori.

Anche quest'anno, che per motivi burocratici mi ritrovo a insegnare nuovamente in una classe prima e in una nuova scuola, ho sperimentato fin da subito il "fare arte" con i bambini.

Due diversi gruppi classe ma due medesimi mega obiettivi che mi sono prefissata, due leitmotiv che hanno accompagnato e accompagnano tutte le nostre attività, artistiche e non, due facce di una stessa medaglia: da un lato la possibilità di far esprimere il proprio mondo interiore e dall'altro lasciare una traccia emotiva che possa diventare un gancio a cui appigliarsi nei momenti di difficoltà e un seme da far crescere e sviluppare.

Infatti, oltre a far vivere loro una buona e serena esperienza scolastica tout court, il mio fine ultimo è offrire strumenti validi da usare nelle varie fasi di crescita, nei diversi, inevitabili e fisiologici momenti di crisi, di caduta, da cui nessun essere umano può esimersi. Diverse sono state le attività innovative che ho introdotto nel corso degli anni e tutte entusiasticamente sperimentate.

Non sempre e non tutti i bambini, però, amano buttarsi nelle cose nuove e anche su questo tema bisogna fare chiarezza. Considerato che la classe è una microsocietà in cui convivono tante distinte personalità, in essa si troverà il bambino desideroso di sperimentare il nuovo, di mettersi alla prova, di lasciarsi guidare dall'istinto e supportare dalla curiosità, ma sarà presente anche quello che preferisce navigare in acque conosciute, ripetere cose già fatte e che, di fronte al nuovo, si ritrae e si chiude.

Mentre nel primo caso il lavoro dell'insegnante è agevolato, nel secondo bisogna intervenire con cautela, prendendo per mano il bambino e accompagnandolo dolcemente nell'incontro con il nuovo. È chiaro che una "resistenza" in tenera età risulta molto più contenuta e gestibile rispetto all'età adulta e, proprio per questo, può essere rimossa, anche in breve tempo, utilizzando i metodi e gli strumenti più opportuni.

Ho visto tanti bambini passare dal "Non sono capace!" al "Voglio provarci!" per poi approdare al "Maestra, ci sono riuscito!" Ogni bambino ha i propri tempi anche in questi passaggi; in alcuni sono rapidissimi, in altri più lenti, ma in ognuno si installa sempre il seme della fiducia in se stesso, che è alla base di ogni cambiamento vero e duraturo.

Anch'io da bambina amavo molto disegnare e colorare, soprattutto riprodurre personaggi e cartoni di mondi fatati che vedevo in Tv, come se a imprimerli sulla carta potessi dar loro vita e permettessi a me di vivere il sogno che rappresentavano. Non mi ponevo mai il quesito se fossi o meno capace, mi veniva naturale disegnare e colorare, usando materiale di vario genere. Se qualcosa non mi piaceva, semplicemente cancellavo e ricominciavo daccapo. Il risultato finale era sempre soddisfacente, sempre fonte di gioia, sempre carburante per l'autostima.

Poi, lentamente, non ricordo esattamente quando, qualcosa dev'essere cambiato. Credo che l'apice lo raggiunsi alla scuola media, quando nell'"arte" subentrò la tecnica. L'ora di educazione artistica non mi entusiasmava e ora so il perché: era l'ora del dover fare in un certo modo, l'ora della prestazione, l'ora della dimostrazione, l'ora del dovere.

E oggi, che sono passati un po' di anni e che mi ritrovo nuovamente a scuola, ma come docente, mi rendo conto che, sebbene nelle scuole si faccia "arte", l'espressione creativa la si tiene ancora incatenata. Ciò che è necessario trasmettere e consentire è la libertà di espressione, l'unica che può far emergere, e al contempo alimentare, la fonte sotterranea ma inesauribile della creatività.

La storia è piena di uomini e di donne la cui creatività la scuola ha disconosciuto, portandoli ad accumulare una serie di fallimenti: la grande poetessa Alda Merini venne bocciata in italiano alla prova d'ammissione del Liceo Manzoni di Milano; Giuseppe Verdi non fu ammesso al Conservatorio Musicale di Parma (conservatorio che oggi porta il suo nome) perché non possedeva attitudini musicali e aveva una posizione difettosa sulla tastiera. Famosissima è la dislessia di Einstein e i timori della madre sulle difficoltà del figlio.

Così oggi, quando sento "professionisti del settore" sentenziare sulle sorti future di un bambino, o quando io stessa cado in questo tranello (perché mi capita), mi viene poi da sorridere ripensando ai tanti esempi di persone che, malgrado una "falsa partenza", hanno poi raggiunto risultati incredibili.

Il buon senso, la volontà, la disciplina, ma anche la "follia", la vision, la mission sono tutti elementi determinanti di una vita di eccellenza, intesa come massima espressione delle proprie potenzialità e realizzazione dei propri sogni. Walt Disney diceva: «È qualcosa di divertente fare l'impossibile» e «Se puoi sognarlo, puoi farlo».

La maggior parte delle personalità eccellenti ammette di possedere un elemento imprescindibile: la creatività. Mi piace molto la definizione che ne dà Marco Orlandi nel suo libro *Essere creativi:* «La creatività è prima di tutto una condizione e solo dopo assume le forme dell'abilità, della capacità! La creatività è il modo in cui la "verità" si fa strada nei momenti di assenza della ragione, è una forma di umiltà, è il non-senso che corrompe le certezze granitiche del buonsenso... Ogni grande filosofia o religione afferma che la grazia sta nell'esprimere il fanciullo interiore, ma com'è possibile esprimerlo se una delle affermazioni più potenti che guidano la nostra educazione è "Non fare il bambino"?»

La cosa paradossale è che, molto spesso, consapevolmente o meno, questo monito è rivolto proprio a chi bambino è, non solo nell'animo, ma anche anagraficamente. Ed è proprio il bambino a incarnare la creatività.

Ce lo ricorda molto bene Antoine de Saint-Exupery ne *Il Piccolo Principe*, già nell'inizio: «Mostrai il mio capolavoro alle persone grandi, domandando se il disegno li spaventava. Ma mi risposero: "Spaventare? Perché mai uno dovrebbe essere spaventato da un cappello?" Il mio disegno non era il disegno di un cappello. Era il disegno di un boa che digeriva un elefante. Affinché vedessero chiaramente che cos'era, disegnai l'interno del boa. Bisogna sempre spiegargliele le cose, ai grandi... fu così che a sei anni io rinunziai a quella che avrebbe potuto essere la mia gloriosa carriera di pittore. Il fallimento del mio disegno numero uno e del mio disegno numero due mi aveva disanimato. I grandi non capiscono mai niente da soli e i bambini si stancano a spiegargli tutto ogni volta».

Spesso i miei alunni mi regalano disegni fatti in classe o a casa per me. Non sempre sono chiari, allora me li faccio raccontare, interpretare e, in maniera entusiastica e sincera, mostro loro approvazione, ammirazione e gratitudine. Rimango sempre affascinata dalla sicurezza con cui descrivono segni e macchie di colore apparentemente insignificanti. Ammetto che qualche volta ho chiesto spiegazioni a più riprese, a distanza di ore o giorni, e l'interpretazione è rimasta sempre la stessa. I bambini credono in quello che creano!

Poi si cresce e, di anno in anno, la spontaneità cede il posto alla tecnica, alla forma, alla perfezione. Conosco alcuni docenti, per fortuna pochissimi, che ritoccano i lavori svolti dai bambini. Che tristezza! L'ansia da prestazione non favorisce mai la spontaneità e l'autenticità, e questo vale tanto per i bambini quanto per gli adulti.

Da grandi riappropriarsi della propria creatività, della propria sorgente fantastica, non è cosa semplice, tuttavia non è impossibile, proprio perché è un'attitudine naturale. Con i giusti accorgimenti e tanto allenamento, possiamo ridarle vigore e spazio a qualsiasi età. Ma quali sono gli elementi che favoriscono il processo creativo fin da piccoli? Ovviamente disegnare, colorare, manipolare... Ma cosa? E in che modo?

I lavoretti che generalmente si realizzano a scuola in occasione delle varie ricorrenze come il Natale, il Carnevale, la festa della mamma e così via, sono utili per vari aspetti, aiutano lo sviluppo della manualità, sono anche gratificanti ma, essendo per lo più guidati, lasciano poco spazio all'immaginazione e all'iniziativa personale. Per questa ragione propongo ai miei piccoli artisti attività volte a potenziare la libera espressione, come disegni che si ispirano allo Zentangle, mandala, scarabocchio, nei quali non conta tanto il manufatto finale quanto il processo creativo.

Anche nei laboratori espressivi che conduco con gli adulti, centrale è il processo. Non sempre ci si può esprimere con le parole, per pudore, per paura, per un limite intrinseco delle stesse e perché sono soggette a uno spietato censore: la mente. E allora il gesto, il colore, la forma, diventano il linguaggio simbolico del proprio mondo interiore, generando leggerezza, gioia, appagamento, un senso di liberazione e di generale benessere.

Per trovare nuove ispirazioni, Leonardo Da Vinci chiudeva gli occhi, si rilassava e lasciava che la mano scorresse su un foglio di carta riempendolo di scarabocchi dai quali, successivamente, emergevano immagini, volti, schemi, oggetti che si sono poi trasformati in alcune delle sue famose invenzioni.

Affinché possano impattare realmente sull'attitudine alla creatività, queste esperienze non devono essere isolate, bensì una costante dell'intero percorso educativo didattico.

Tanti altri sono i modi per attingere sempre più alla nostra fonte creativa: disegnare mappe mentali; lasciarsi ispirare da persone che ne sanno di più in merito; leggere biografie e documentarsi su uomini di successo; praticare meditazioni, visualizzazioni, tecniche di respirazione; usare il corpo per stimolare entrambi gli emisferi; allenarsi a fare cose mai fatte prima; rendere l'ordinario straordinario vedendolo sotto una luce diversa; cambiare ogni volta posto a tavola; percorrere strade differenti per andare a lavoro o tornare a casa...

Nel già citato *Vivere, capirsi, amare*, Buscaglia a questo proposito scrive: «Molti di noi vivono la loro vita esattamente nello stesso modo, giorno dopo giorno. Scendiamo dal letto sempre dalla stessa parte... Facciamo la doccia, poi andiamo a bere il caffè e usciamo dalla stessa porta. Provate, una volta a scendere dal letto scavalcando vostra moglie o vostro marito. "Ehi, cosa stai facendo?" "Sto cambiando la mia vita!" Oppure spalancate la finestra e saltate fuori e correte sette volte intorno a casa vostra in camicia da notte».

Ora, è facile intuire che Buscaglia ci sta chiedendo di tornare a essere bambini! So a cosa stai pensando: «Impossibile! Facile a dirsi. Bambino? Ma io ho cinquant' anni!» Ebbene, non si tratta di diventare chi non si è più, bensì di recuperare quella parte che se ne sta discreta e paziente nella nostra cantina dell'anima. La nostra parte bambina non muore mai, ci accompagna ovunque e sgattaiola fuori appena può. Lo fa ogni volta che giochiamo con un bambino, oppure quando raccontiamo una barzelletta e ci lasciamo andare a una grassa e grossa risata...

Quale straordinaria opportunità rappresentano per noi i bambini! Sempre pronti a ricordarci chi eravamo e chi potremmo tornare a essere se solo permettessimo alla nostra parte più saggia e pura di tornare a esprimersi come un tempo!

Quella bambina in più
Se ti dicessi che è facile, ti mentirei. E non lo diventa nemmeno quando siamo consapevoli di tutto ciò. Io ne sono l'esempio vivente. Per diversi anni mi sono chiesta cosa dovessi imparare dai miei alunni, quale fosse lo scopo profondo che la mia anima stava perseguendo. Mi sfuggiva perché desideravo altro. Ma l'anima è incurante dei nostri desideri e persegue la sua strada e sempre per il nostro bene supremo.

La cosa straordinaria è che più me lo chiedevo e più mi allontanavo dalle risposte, fino a quando ho inviato le mie domande all'Universo smettendo di pensarci. A quel punto è arrivato l'insight!

Nelle mie classi c'era sempre stata una bambina in più: Nunzietta. Ancora oggi, mentre scrivo, sento forte la commozione di quel momento che ogni volta si rinnova trasformandomi un po' di più. Insegnando avevo l'occasione di ridare voce alla mia parte bambina, donandole quello spazio che non aveva avuto a suo tempo.

Ti faccio un esempio pratico. Da piccola non ho mai partecipato a una gita scolastica. Tutti i miei compagni delle elementari e delle medie, e sottolineo tutti, sì. Ricordo i preparativi e ancor più l'entusiasmo e la frenesia per quelle uscite che mi vedevano sempre esclusa e non certo per impedimenti economici o di chissà quale altra natura. La questione, si fa per dire, era molto semplice: mio padre le riteneva rischiose e pensava di proteggermi tenendomi a casa. «Aspetta. Ripeti! Mi stai dicendo che tu, insegnante, da bambina non hai mai partecipato a una gita scolastica?» Sì, è così.

Non mi dilungo su questo argomento che, da solo, mi porterebbe a scrivere un trattato. Preferisco andare al sodo. Dunque, prova a immaginarmi salire in pullman quando ho accompagnato per la prima volta i miei alunni in gita. Quali emozioni avrò provato? Quali saranno stati i miei pensieri? E ancora, quale comportamento avrò adottato con loro?

Avrei potuto provare rabbia e "scaricargliela" addosso; essere triste e rinchiudermi in me stessa; far finta di nulla e fare l'adulto; dare spazio alla mia bambina interiore e godermi appieno l'esperienza. Escludendo la prima opzione, ammetto di averle provate tutte e credo sia stato naturale e sano.

Ero seduta e, mentre i ricordi dell'infanzia affollavano la mia mente, il panorama oltre il finestrino perdeva la sua identità. Le risate, le urla dei bambini facevano da sottofondo. Rabbia, tristezza, dolore, ma anche gioia mi invasero barbaramente, senza controllo, sovrapponendosi, dimenandosi per avere la meglio. Poi un bambino mi chiamò e tornai nel presente di allora.

Quel turbinio di emozioni si presentò più volte durante quella giornata e sarebbe tornato ancora nelle gite successive. Ancora oggi mi succede, ma in maniera diversa. Quando capita, Nunzietta è felice di andare in gita per un'intera giornata o semplicemente al cinema, esperienza quest'ultima che ha rivelato i grandi cambiamenti avvenuti in me.

Ecco quanto scrivevo pochi anni fa: «Questa mattina sono uscita con i miei alunni, direzione Cineland. Ore 9:30. Si spengono le luci, cala il silenzio in sala, partono la musica e le prime immagini del film *Il Piccolo Principe*. Poche battute per comprendere ed entrare nel cuore della storia, poi un crescendo di emozioni. È scesa qualche lacrima. Un moto di orgoglio e tenerezza mi ha pervaso per quanto è stato nella mia vita e non avrei voluto e per tutto ciò che non poteva essere ma eccezionalmente è stato, frutto di caparbietà, sforzo e tanto amore!

Alcune persone care mi sono tornate alla mente, quelle stesse che si sono ritagliate un posticino nel mio cuore e che mai saranno spodestate perché, come dico sempre ai bambini, nel cuore c'è posto per tutti! E sì, "addomesticare significa creare legami", soffrire anche e piangere, ma lo preferisco e l'ho sempre preferito all'essere una persona tiepida e al vivere col freno a mano tirato. In un mondo come quello di oggi, dove impera lo spreco, scelgo di "sprecare" l'amore ed elargirlo a piene mani! Grata ai miei pargoletti perché stamane, seduta in quella sala, c'era una bambina in più!»

Queste parole testimoniano la mia evoluzione come persona e come insegnante. Non si può cambiare il passato, ma possiamo guardarlo con occhi diversi, possiamo comprendere gli eventi accaduti e dare loro un senso nuovo. Possiamo ricomporre il nostro puzzle mischiando i tasselli e riordinandoli in modo diverso, così come avviene con un gruppo di lettere o di cifre da cui nascono parole e numeri sempre nuovi. Possiamo giocare e divertirci a scomporre e ricomporre più e più volte il nostro puzzle personale.

Innovare il metodo di studio con le mappe mentali
Ho introdotto le mappe mentali nella mia attività didattica alcuni anni fa. Cercavo un metodo che rivoluzionasse lo studio delle discipline e qualcosa che andasse oltre le mappe concettuali. Ancora oggi sento parlare spesso indistintamente delle une e delle altre, ma la differenza tra i due tipi è notevole. Sicuramente le

mappe mentali si possono considerare l'evoluzione di quelle concettuali. Il padre è Tony Buzan, psicologo inglese, famosissimo autore di manuali su tecniche di apprendimento e memorizzazione.

Egli amava essere definito "l'ambasciatore del cervello umano" e ha scritto 121 libri che sono stati pubblicati in 35 lingue. In *Mappe mentali* così si esprime: «Tutti i grandi visionari della storia erano capaci di visualizzare e di crearsi una potente idea interna dei propri obiettivi e delle proprie ambizioni, escludendo quasi ogni altro pensiero. Fu proprio il pensare a occhi aperti in modo costruttivo che consentì a Einstein di "vedere" come era fatto l'universo. Quando prendevano appunti, i geni esprimevano la propria immaginazione sotto forma di immagini [...].

Il cervello non opera in modo lineare o sequenziale come un computer. Esso pensa in modo multilaterale, o meglio, radiante (Radiant Thinking). Quando si crea una mappa mentale, i rami si sviluppano verso l'esterno per altri livelli di subrami, incoraggiandovi a sviluppare altre idee partendo dal primo pensiero che avete avuto, esattamente come fa il cervello. Una mappa mentale è uno strumento olistico, grafico e visivo che può essere applicato a tutte le funzioni cognitive, soprattutto la memoria, la creatività, l'apprendimento e tutte le forme di pensiero. Essa è come un coltellino svizzero per il cervello».

Effettivamente il potere delle mappe mentali è straordinario. Non è un caso se vengono usate da manager, imprenditori, studenti universitari, formatori di crescita personale. Anni fa ne sperimentai l'uso con i miei alunni di terza (dunque molto piccoli) a cui feci visionare diversi libri, di Buzan e non. Ne rimasero affascinati.

Cominciai a utilizzarle nelle lezioni di storia, relativamente agli uomini primitivi, e poi le estesi alle altre discipline. Rimasi esterrefatta nel vedere la facilità e la rapidità con cui prendevano forma rami, immagini, colori. Nel giro di poche settimane, i miei pargoletti divennero bravissimi e costruire mappe si rivelò in breve una delle loro attività preferite. Da allora le ho sempre usate. In quarta e in quinta realizzavano veri e propri capolavori.

Con esse ho ribaltato il metodo di studio, ho ridotto il tempo necessario per elaborare le informazioni, aumentato la capacità di ritenerle, intensificato il coinvolgimento verso gli argomenti trattati, anche da parte dei bambini in difficoltà che ne hanno tratto grande beneficio. Si sono rivelate uno strumento inclusivo di grande qualità.

Eccone una realizzata da una bambina di classe quarta.

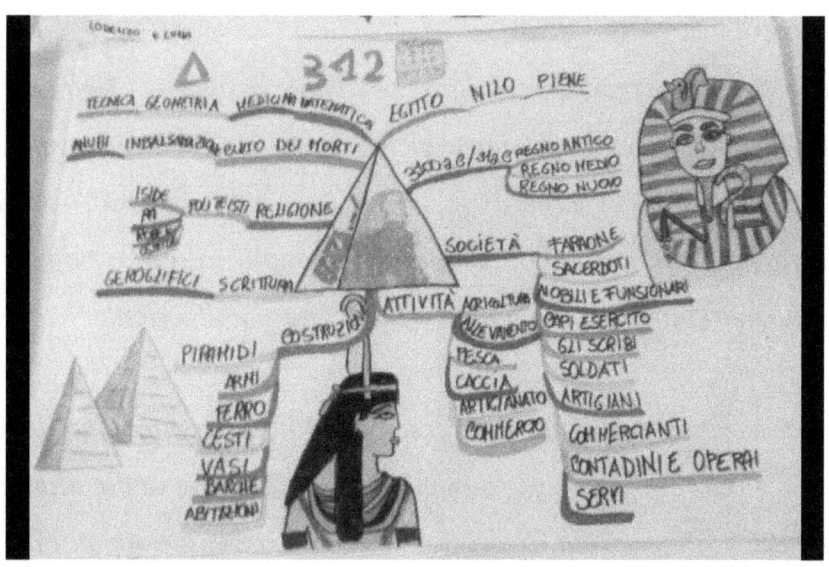

Purtroppo il suo uso è ancora poco diffuso e libri di testo e corsi di aggiornamento vedono ancora primeggiare le mappe concettuali, prive, tra l'altro, di colori e di immagini!

Lo conferma quanto è accaduto ad alcune mie alunne, le quali, arrivate in prima media, si sono viste obbligate a usare esclusivamente quelle concettuali. Peccato, perché questo strumento ha il potere di eliminare il piattume di metodi che funzionano poco, visti i risultati, e di avvicinare gli adolescenti allo studio.

Caro genitore, caro collega, se vuoi provarne l'efficacia, costruisci una mappa insieme ai tuoi ragazzi. Sarà un momento ludico, piacevole e creerai le giuste leve motivazionali, ridarai nuova linfa allo studio. Gli stessi compiti a casa potranno trasformarsi in un appuntamento più leggero e divertente.

Tu stesso puoi farne un uso personale. Puoi mappare qualunque cosa: i tuoi impegni giornalieri in sostituzione della classica agenda, i tuoi progetti lavorativi, le tue vacanze, gli appunti di un corso. È uno strumento tanto potente quanto economico. Non hai bisogno che di un foglio, un po' di colori e voglia di provare.

Posiziona il foglio in orizzontale e scrivi al centro l'argomento che vuoi mappare o fai un disegno che lo rappresenti. A questo punto, partendo dall'alto e rispettando il senso orario, traccia delle linee curve che dal centro si diramano verso l'esterno, sulle quali scriverai in stampato maiuscolo le parole chiave, accompagnate da disegni.

Da questi rami principali fanne partire altri secondari sui quali scriverai nuove parole chiave associate alle prime. Non ci sono limiti nell'uso di colori e di immagini, né nel numero di rami e sottorami che puoi creare. Lascia libero sfogo alla fantasia, torna bambino!

RIEPILOGO DEL CAPITOLO 3:

- SEGRETO n. 1: Sostieni e incoraggia i sogni dei bambini e dei ragazzi, illumina le loro possibilità, proiettali sempre verso un futuro di autorealizzazione. Ricorda: il pensiero crea la nostra realtà.
- SEGRETO n. 2: Sii un acuto osservatore per individuare i talenti e le inclinazioni di un bambino. Alimenta il suo entusiasmo, rispetta la sua unicità.
- SEGRETO n. 3: La creatività consente di esprimere se stessi, generando benessere e aumentando l'autostima; sviluppa l'attitudine al pensiero divergente e al problem solving, trovando soluzioni originali e idee innovative.
- SEGRETO n. 4: Per sviluppare la creatività occorre placare la mente razionale, fare largo alla curiosità e allo stupore del bambino interiore; agire il più possibile fuori dagli schemi e dalle abitudini.
- SEGRETO n. 5: Prenditi cura del tuo bambino interiore, poiché la maggior parte delle difficoltà dell'adulto che sei derivano dalle sue ferite.
- SEGRETO n. 6: Le mappe mentali rappresentano un metodo di studio innovativo e inclusivo che favorisce la memoria, la

creatività, l'apprendimento. Può essere utilizzato da chiunque e in qualunque ambito.

Capitolo 4:
Valorizzare l'errore e la ricerca di soluzioni

Tu chiamale se vuoi... situazioni da risolvere
Una delle parole più ricorrenti a scuola in ambito matematico è *problema* o, in sostituzione, l'espressione *situazione problematica*. Il suo uso fin dalla classe prima è legato allo sviluppo della capacità logica. Al di là delle sfumature, lo schema proposto nelle varie attività è più o meno sempre lo stesso. Problema: testo (per esempio "La mamma va al mercato e compra due mele e tre pere. Quanti frutti ha comprato la mamma?"), disegno, operazione/soluzione, risposta.

Personalmente non uso più da tanto tempo i termini problema e situazione problematica. Ti spiego il perché. Pur non avendo le idee chiare in merito, il bambino, anche piccolo, associa alla parola problema qualcosa di negativo. L'ha sentita tante volte dagli adulti, magari accompagnata da uno stato emotivo che non gli faceva presagire nulla di buono. Arriva a scuola ed è costretto a interfacciarsi con essa: la sente pronunciare, la legge, la scrive e soprattutto comincia ad associarla al concetto di scoperta.

Nasce così la relazione scoperta/problema, un connubio depotenziante. Pensiamoci. Perché mai non sapere e poi scoprire, attraverso un ragionamento, che mamma ha comprato cinque frutti al mercato dev'essere considerato un problema? Perché non deve essere percepito come ciò che effettivamente è, ossia una situazione da comprendere e dalla quale scoprire qualcosa di nuovo?

Inoltre, quando parliamo di problema, il cervello automaticamente si focalizza su ciò che non va, ponendosi in una situazione di stallo. Ecco perché io parlo di *indovinelli* inizialmente e di *situazioni da risolvere* successivamente. Potrà sembrare banale ma, la differenza è enorme e i risvolti notevoli!

Quando parlo di indovinelli, alimento nel bambino la sua naturale curiosità volta alla scoperta. È un termine che lui associa al divertimento e, dunque, scevro da ogni forma di prestazione e di ansia. E soprattutto, parlare di situazione da risolvere permette al cervello di sganciarsi immediatamente da tutte le implicazioni emotive legate alla parola problema e di proiettarsi oltre, sulle possibili soluzioni.

E se questo lavoro venisse svolto sistematicamente non solo in matematica, ma in ogni disciplina e in ogni contesto scolastico, cosa accadrebbe? *E se anche tu, caro genitore, facessi lo stesso? Se cominciassi a ridurre dal tuo vocabolario l'uso della parola problema fino ad abolirla, sostituendola con l'espressione situazione da risolvere? Permetteresti a te stesso e al tuo bambino di attingere al vostro immenso potenziale creativo per trovare soluzioni in ogni situazione. Cambierebbe l'approccio alle difficoltà, che diventerebbero delle sfide da affrontare e superare.*

Albert Einstein afferma: «Non puoi risolvere un problema con lo stesso tipo di pensiero che hai usato per crearlo». Anche in questo caso, affinché diventi un atteggiamento costante e naturale, bisogna alimentarlo quotidianamente. All'inizio, come spesso accade, sarà una forzatura, poi con il tempo diventerà un automatismo.

Alcuni studiosi affermano che per trasformare un'azione o un pensiero in un'abitudine occorrono ventuno giorni di esercizio. Per la mia esperienza sono portata a dire che non è esattamente così. In tre settimane predisponiamo il nostro cervello a percorrere nuove strade, formiamo nuove sinapsi, le quali, per consolidarsi, necessitano però di molto più tempo.

Questo è uno dei motivi per cui la stragrande maggioranza delle persone comincia ad esempio una dieta, e poi all'improvviso, "inspiegabilmente" riprende a mangiare come o più di prima; oppure si iscrive in palestra, frequenta per un po' e poi smette. Ciò dimostra che la volontà da sola non basta, è necessario conoscere, capire e gestire i meccanismi della nostra mente e del nostro inconscio. A quel punto saremo in grado di trasformare una dieta in un sano ed equilibrato stile di vita e la palestra in un appuntamento costante e soprattutto piacevole.

Alleniamoci all'errore
Sono cresciuta in un ambiente scolastico dove l'errore non era ben tollerato, tutt'altro. Quando io o un mio compagno commettevamo uno sbaglio, la maestra ci sgridava pesantemente. Nessuna comprensione, nessuna attenuante. Così il mio focus

nell'apprendimento era non commettere errori, piuttosto che imparare cose nuove. Quando ci ripenso provo una profonda tenerezza per quella bambina che non si sentiva mai ok. Mi viene anche da sorridere perché oggi, nella mia classe, io e i miei alunni, anziché temere l'errore o demonizzarlo, lo accogliamo e lo valorizziamo. Alla parete abbiamo affisso un motto di ispirazione montessoriana: "Grazie signor errore, perché quando arrivi ci fai un gran favore!"

I bambini sanno che è normalissimo sbagliare, che fa parte del percorso di crescita esattamente come "fare bene". L'altro motto correlato l'ho preso dalla pubblicità di un noto panettone, nella quale un bambino dice a Babbo Natale: «Buttati ché è morbido!» Ecco, io invito i miei alunni a buttarsi, a osare, perché "se sbagli non può accadere nulla di grave" e "hai sempre la possibilità di rimediare e imparare".

«Gli errori sono necessari, utili come il pane e spesso anche belli: per esempio, la torre di Pisa» (Gianni Rodari).

Anche la modalità con cui si individua e si corregge un errore scritto è oggetto di grandi discussioni: penna rossa, blu o nera? Penna cancellabile, indelebile o matita? Personalmente ritengo che nulla di tutto ciò sia rilevante. Uso indistintamente penne e matite di diverso colore: la nera piuttosto che la rossa, il pennarello o la matita piuttosto che il pastello, a seconda di cosa abbia a portata di mano. Prendiamo il rosso, per esempio. È uno dei colori preferiti dai bambini, nell'immaginario collettivo e nel simbolismo cromatico è il colore dell'amore; perché mai dovrebbe traumatizzarli?

Ciò a cui dobbiamo prestare molta attenzione è, invece, il messaggio che veicoliamo mentre correggiamo e l'emozione che i bambini vi assoceranno. Inoltre, la correzione acquista veramente valore se fatta insieme al bambino, se lo conduce all'autocorrezione, che attiva i processi metacognitivi.

Ricordo un episodio esilarante di un po' di anni fa. Stavo correggendo il testo di Francesco, nove anni. Quando gli feci notare che aveva commesso sei errori ortografici, scoppiò in una fragorosa e incontenibile risata. Lui non riusciva a fermarsi e io non riuscivo a comprendere. Quando si calmò, mi disse che era felice perché la volta precedente ne aveva commessi undici, dunque era migliorato tanto. Che lezione mi diede, quel giorno, Francesco! Io mi ero focalizzata sugli errori, lui sui progressi. C'è poco da fare, i bambini insegnano.

Caro collega e caro genitore, sarebbe bellissimo se in ogni aula e in ogni casa ci fossero affissi messaggi del genere. Vivere una quotidianità in cui si valorizza l'errore permetterebbe a tutti noi, bambini, ragazzi e adulti, di vivere con più leggerezza, perdonando gli altri e, ancor prima, perdonandoci.

Valutare senza svalutare
Altro tema spinoso e delicato, strettamente connesso all'errore, è la valutazione del rendimento di un alunno, così come del suo comportamento. Ancora oggi mi risulta difficilissima, è qualcosa che eviterei e lo stesso vale per tanti miei colleghi. Purtroppo ogni insegnante è chiamato a valutare i propri studenti.

Sono assolutamente contraria ai voti, perché li trovo a volte inutili, più spesso dannosi. Bambini e ragazzi possono facilmente identificarsi con essi. E poi, com'è possibile "incastrare" un essere umano in un numero, ad esempio sei, o in una parola come sufficiente o buono? Un numero o un giudizio possono indurre all'effetto Pigmalione, attaccarsi all'identità dello studente, condizionarlo, limitarlo e diventare motivo di derisione, di umiliazione, di confronto spietato.

Da sempre rassicuro i bambini sul fatto che un voto è solo un numero, da cui non dipenderà assolutamente la loro carriera scolastica né la realizzazione nella vita. L'ho fatto ogni giorno con i ragazzi di quinta rispetto alla nuova avventura che di lì a poco avrebbero intrapreso. Ciò che mi premeva di più era fare in modo che non si lasciassero intimidire, condizionare, limitare da eventuali voti o giudizi dei prof, anche se fossero stati molto negativi. Il messaggio era: «Ricordatevi che non siete voi a valere cinque o sei, ma la vostra performance! Voi non siete quel numero!»

Faccio davvero tanta fatica a comprendere il distinguo dei voti al di sotto della sufficienza come quattro, tre, due. In questo caso mi riferisco alla scuola secondaria di primo e secondo grado. Sono invece dell'idea che bisognerebbe stilare per ogni studente un profilo approfondito dei suoi punti di forza e delle sue aree di miglioramento. Questo aiuterebbe senza dubbio gli stessi alunni a conoscersi e i genitori a conoscerli meglio, per poter attuare tutti insieme gli interventi e i cambiamenti necessari e più funzionali.

Io uso i voti solo per le verifiche e la valutazione ufficiale di primo e secondo quadrimestre, obbligatorio adempimento burocratico. In altre occasioni ricorro al punteggio, molto più neutro. Chi sfoglia i quaderni dei miei alunni, non troverà un solo voto numerico, ma parole e frasi incoraggianti, con cuoricini ed emoticon, inviti a riflettere sul proprio operato e a migliorare alcune abilità, ad esempio il calcolo e la colorazione. E così procedo per tutto il quinquennio.

Molti pensano che dare un voto basso possa essere anche un monito per i genitori, che in questo modo saranno sollecitati a seguire maggiormente il proprio figlio. Io reputo più efficace parlare con loro onestamente, empaticamente e coraggiosamente. Come ho detto altrove, ti riporto la mia esperienza, ciò che per me ha funzionato e continua a funzionare.

RIEPILOGO DEL CAPITOLO 4:

- SEGRETO n. 1: Evita il più possibile l'utilizzo della parola problema perché induce il cervello a una situazione di stallo. Sostituiscila con l'espressione situazione da risolvere, grazie alla quale esso sarà invece proiettato a trovare tutte le possibili soluzioni.
- SEGRETO n. 2: Gli errori sono lezioni da cui imparare, un trampolino di lancio da cui ripartire. Fai tuo l'atteggiamento di Francesco!
- SEGRETO n. 3: Aiutare lo studente di qualunque età a distinguere il valore dei voti che riceve dal valore di sé come persona.
- SEGRETO n. 4: Per valutare un alunno in modo costruttivo, bisognerebbe stilare un profilo approfondito con i suoi punti di forza e le sue aree di miglioramento.

Capitolo 5:
Come raggiungere il benessere a scuola

Yoga a scuola si può

La precocizzazione dei disturbi dell'umore (ansia, depressione, aggressività), il bullismo e il cyberbullismo, i disturbi alimentari, le dipendenze anche nuove legate alla tecnologia, sono fenomeni globali che coinvolgono sempre più giovani e giovanissimi, pertanto richiedono interventi immediati ed efficaci su larga scala e necessitano di un'azione sinergica tra le varie istituzioni, prime fra tutte scuola e famiglia.

In diverse scuole del Nord Europa, la meditazione e lo yoga sono entrate a far parte del curricolo come disciplina al pari delle altre. Nelle scuole danesi esiste da tempo l'ora settimanale di empatia, chiamata *Klassens Tid*, ossia "l'ora della classe", durante la quale bambini e adolescenti imparano a esprimere i propri bisogni e a comprendere quelli degli altri.

La condivisione del proprio vissuto emotivo è accompagnata da quella di una torta al cioccolato preparata da loro stessi.

In Gran Bretagna il governo ha approvato un mega progetto dalla portata storica: in ben 370 scuole è stata introdotta la mindfullness come disciplina curricolare. La mindfullness, letteralmente consapevolezza, coincide con la pratica comunemente chiamata meditazione. Al di là dei termini usati, è bene sottolineare il suo aspetto totalmente aconfessionale. Il focus viene posto sul momento presente, attraverso la respirazione e l'attenzione al proprio corpo.

Sebbene siano ancora pochissime, alcune scuole italiane stanno introducendo corsi di yoga e mindfullness, anche riconosciuti dal MIUR (Ministero dell'Istruzione, dell'Università e della Ricerca). Questo perché sono sempre più numerosi gli studi scientifici che dimostrano gli effetti benefici di queste pratiche relativi alla concentrazione, all'attenzione, alla gestione delle emozioni, all'empatia, alla riduzione degli stati d'ansia e delle manifestazioni di rabbia e aggressività.

La mia iniziazione al respiro consapevole risale agli anni dell'università e da allora questa pratica, seppur con fasi altalenanti e con diversi livelli di consapevolezza, mi ha sempre accompagnato, sia nella vita privata sia in quella professionale.

Nel precedente ciclo scolastico, in ben cinque anni, io e i miei alunni ne abbiamo fatta di strada insieme! Abbiamo iniziato in prima con delle piccole visualizzazioni e delle brevi respirazioni consapevoli, per approdare in quinta allo yoga e alla meditazione.

Di tutte le ore trascorse a scuola, per quanto divertenti e leggere, l'ora più bella rimaneva sempre quella dello yoga in palestra, dove accadevano cose particolari. Tutti pronti, ognuno con il proprio tappetino e tanta curiosità. Lo hanno amato subito, credo l'abbiano vissuto esattamente come me: un prosieguo naturale di crescita, la giusta conclusione di un quinquennio decisamente ricco e fuori dalle righe.

Molto spesso iniziavamo le giornate con il nostro canto preferito. Con gli occhi chiusi, cantavano tutti, dal bambino ribelle a quello più timido. Per qualche minuto entravamo in un'altra dimensione, una pace indescrivibile ci avvolgeva. "Tornare sulla Terra" era sempre una forzatura ma, armati di calore, riuscivamo ad addentrarci meglio nel mondo della didattica.

La **respirazione** è una costante dell'ora di yoga e riveste un ruolo determinante. Lo scopo è avviare il bambino alla consapevolezza del proprio respiro, nonché della sua importanza. Per sviluppare quest'attitudine, sulla mia cattedra è presente quotidianamente una campana tibetana, che suono più volte durante la giornata scolastica.

Anche nei momenti di grande confusione, il suo suono ha la capacità di riportare istantaneamente il silenzio in aula: ogni bambino smette la propria attività e comincia a respirare e a rilassarsi. È un'occasione importante anche per me, perché mi riporta nel qui e ora. Così tutto rallenta fino a diventare un unico respiro.

La **meditazione**, nello specifico, è un modo per sperimentare ed educare al silenzio e congiungere mente e cuore. Naturalmente la durata varia in base alla fascia d'età. Con i bambini di quinta, il momento del rilassamento e della meditazione era il più amato e, con l'andare dei mesi, ne ho prolungato i tempi.

L'energia che si creava era incredibile; quando riaprivano gli occhi, i loro visi erano straordinariamente distesi, irradiavano luce e serenità. Seguiva sempre un momento di condivisione dell'esperienza e i feedback erano impressionanti.

Ricordo quella volta in cui, durante un rilassamento, abbiamo ringraziato ogni cellula del nostro corpo. Una bambina ha pianto e, quando le ho chiesto perché, mi ha risposto: «Ho provato un'emozione troppo grande, quello che siamo è troppo grande e non ci sono parole per spiegarlo». Lei non aveva parole e neanch'io!

Ecco alcune testimonianze sul percorso effettuato.

«Cara maestra, penso che sia una delle esperienze più belle che mi siano mai capitate. Molti sanno che ho praticato yoga e a volte mi chiedono di insegnargli qualcosa, lo faccio volentieri. A volte capita che faccio qualche asana, anzi, molto spesso; di notte, se non riesco a dormire o a concentrarmi, visualizzo o respiro, anche quando mi sento male respiro» (Clarissa, 11 anni).

«Lo yoga mi ha cambiato tanto perché non è solo una disciplina ma anche un modo, se non hai fatto buone azioni, per ripartire da zero e ricominciare daccapo. Abbiamo lavorato molto con i colori, le respirazioni e le visualizzazioni che a me piacevano tantissimo. Dal primo giorno di scuola abbiamo lavorato sul respiro come se la nostra pancia fosse un palloncino che si gonfiava e si sgonfiava. Ogni volta che mi sento un po' stanca o arrabbiata, respiro, visualizzo e medito.

Una volta ero in palestra e avevo discusso con delle amiche, sono andata in bagno dov'era l'altra e le ho detto: "Allora, senti una mia idea, chiudi gli occhi e segui quello che dico!" Dopo dieci minuti era tornata la pace. Ho pensato di farlo provare anche alle altre... ad alcune l'idea non affascinava, ma alla maggior parte andava. Si sedettero, chiusero gli occhi e le feci respirare e immaginare la nuvoletta che arrivava e le portava sulla spiaggia» (Giulia, 11 anni).

«Quando, nei primi giorni della quinta elementare, la maestra Nunzia ha annunciato a me e ai miei compagni che avremmo svolto come disciplina alternativa lo yoga, sono rimasta molto sorpresa! Sarebbe stata un'esperienza nuova che mi incuriosiva molto!

Abbiamo iniziato a imparare le posizioni, poi abbiamo fatto le visualizzazioni e abbiamo lavorato tanto sull'importanza del respiro, sia per calmarci, sia per vivere le emozioni di gioia e di serenità. È stata un'esperienza bellissima che porto nel mio cuore e, quando ho bisogno di rilassarmi, chiudo gli occhi e respiro e tutto intorno a me cambia aspetto! Il mondo torna a sorridere! Grazie maestra Nunzia per tutto quello che mi hai insegnato» (Francesca, 11 anni).

«Il primo giorno di yoga non ero entusiasta però poi mi è piaciuto moltissimo. Ancora oggi svolgo alcune asana quando sono arrabbiato, nervoso, triste oppure solo per rilassarmi; sento i rumori del di fuori e mi immagino molte cose, tra cui la nuvoletta. Questa esperienza dello yoga non me la scorderò mai» (Marco, 11 anni).

Non ti sto chiedendo di improvvisarti insegnante di yoga o di mindfullness, anzi, sottolineo che per quello c'è bisogno di una formazione seria e specifica, di una pratica personale costante. Ti sto invitando a sperimentare in prima persona la potenza del respiro consapevole, perché sì, tutti respiriamo, ma pochi lo fanno in maniera corretta.

Chi sono i nostri più grandi maestri in questo? Ancora una volta i bambini, in particolare i neonati, la cui respirazione è diaframmatica e profonda. Con il passare del tempo, però, già al suo primo ingresso a scuola, il respiro del bambino si fa più corto, fino a essere quasi bloccato da adulto. La maggior parte di noi vive inconsapevolmente in un "perenne stato di apnea" e questo rallenta ogni forma di guarigione e ci allontana dalla condizione di benessere che abbraccia corpo, mente e cuore.

Il respiro consapevole è un potentissimo antidepressivo, ma quanti medici lo dicono? Se impariamo, o meglio se torniamo a respirare in maniera corretta, riusciamo a percepire e a godere del momento presente, rigeneriamo correttamente le cellule del nostro corpo, riusciamo a rallentare i nostri pensieri e a gestire le nostre emozioni.

Non ti chiedo di credere alle mie parole, ma di provare. Comincia semplicemente a prendere consapevolezza del tuo respiro. Bastano pochi minuti al giorno e non serve un luogo specifico. Puoi farlo in metropolitana, al lavoro, durante la pausa pranzo, in qualunque posto nel quale tu possa rilassarti e chiudere gli occhi per pochi minuti. Puoi farlo anche adesso che stai leggendo. Non rimandare.

Mettiti comodo, chiudi gli occhi e comincia facendo qualche respiro profondo. Poi lascialo andare naturalmente. Non devi fare altro che respirare e prestare attenzione all'aria che entra e che esce, esattamente così come avviene. Ascolta il tuo respiro, ascolta la tua musica personale. Nel giro di poco, tutto dentro di te inizierà a rallentare, non solo il respiro, ma anche il battito cardiaco, la circolazione sanguigna, il flusso dei pensieri e comincerai a sentirti piacevolmente rilassato. Quando riaprirai gli occhi, verosimilmente le cose intorno a te sembreranno diverse e, se così non fosse, col tempo e con la pratica così sarà.

La semplicità di questo esercizio è inversamente proporzionale alla sua potenza ed efficacia. Anche con i più piccoli di sei anni, i risultati sono stupefacenti. Amano l'ora di yoga e ogni attività in essa proposta e a essa correlata.

Quando ho chiesto loro cosa gli piacesse dello yoga mi hanno risposto:

Luca: «A me piace quando facciamo la montagna».

Eleonora: «A me piace quando respiriamo e quando seguo quello che dici».

Giuseppe: «Secondo me lo yoga è per giocare».

Silvia: «Secondo me lo yoga serve per riposare e per respirare».

Sergio: «A me piace quando ho immaginato quello che hai detto, per esempio la pietra rossa».

In questi anni i genitori mi hanno riportato un entusiasmo incredibile da parte dei bambini per queste attività. Loro stessi, per quanto lontani da questo mondo, ne comprendono i benefici, ne parlano con estremo rispetto e molta curiosità.

Tutto il mondo in un abbraccio

Un altro dei molteplici strumenti che utilizzo è l'abbraccio. Per quanto spontanei e aperti, i bambini, già all'età di cinque e sei anni, vivono un tipo di contatto con i genitori, con le altre figure di riferimento e con il gruppo dei pari in qualche modo diluito dal tempo, dalle convenzioni, dalle abitudini, dal senso di pudore e di vergogna che avanza col passare del tempo. Infatti, chiedere a un bambino di abbracciare un compagno o di accarezzarlo è cosa tutt'altro che facile. In molti casi può risultare una vera e propria impresa!

Eppure molti studi scientifici dimostrano come ogni bambino abbia costantemente bisogno di contatto e di abbracci. Nella fase neonatale nessuno di noi sarebbe sopravvissuto se ci fosse stato negato il calore del contatto materno o del *care giver*. Passata quella fase, però, continuiamo ad averne un'estrema necessità e questo vale anche per quei giovanissimi preadolescenti e adolescenti che dimostrano esattamente il contrario ogni qualvolta rifiutano manifestazioni d'affetto dei propri cari.

La verità è che manca una vera cultura del contatto e dell'abbraccio e non sto parlando di quegli atti formali come possono essere un saluto o un abbraccio dati in occasioni particolari. Sto parlando di incontrare e sentire davvero l'altro e di nutrirsi di quel contatto quotidianamente.

«La tradizione dice che quando abbracciamo qualcuno in modo sincero guadagniamo un giorno di vita» (Paulo Coelho). Non sappiamo se è davvero così, ma intorno all'abbraccio ruota tutta una letteratura, dalla quale prendo in prestito le parole di Kathleen Keating, che così si esprime nel suo libro *Abbraccio terapia*: «Un abbraccio vi fa stare bene tutto il giorno. Il contatto non è solo piacevole. È necessario. [...] Il contatto terapeutico, riconosciuto come mezzo essenziale per la guarigione [...] viene usato per aiutare ad alleviare il dolore, la depressione e l'ansietà, a rafforzare nei pazienti la volontà di vivere, ad aiutare i bambini prematuri che nelle incubatrici sono stati privati del contatto, a crescere e a star bene».

E ancora: «Svariati esperimenti hanno dimostrato che il contatto: può farci essere più benevoli con noi stessi e con quanto ci circonda; ha un effetto positivo sullo sviluppo del linguaggio e sul quoziente d'intelligenza dei bambini; causa cambiamenti fisiologici misurabili sia in chi tocca sia in chi è toccato».

Di seguito riporto alcuni esempi di esercizi/giochi per sviluppare la fiducia verso gli altri e l'abitudine al contatto fisico in maniera graduale e progressiva. La maggior parte di quelli che conduco io sono scanditi dal suono della campana tibetana e addolciti da musiche rilassanti di sottofondo. A seconda degli spazi e del numero dei partecipanti, si possono eseguire in classe, in palestra, a casa, al parco, ovunque ci sia voglia di stare bene.

Mi prendo cura di te
In coppia, in piedi o seduti sul tappetino uno di fronte all'altro, si stabilisce chi è A e chi è B. A questo punto si spiegherà che, al segnale del conduttore (battito delle mani, suono della campana o altro), A comincerà a massaggiare e ad accarezzare le mani di B che si godrà le coccole tenendo gli occhi chiusi. Allo stop, ci si inverte.

Si prosegue poi con la seconda fase. Alternandosi nuovamente, questa volta si accarezza il viso, ossia fronte, zigomi e mento. L'esercizio è concluso quando ogni bambino ha dato e ha ricevuto le carezze. Questo gioco è di grande impatto emotivo, non solo per la piacevolezza sensoriale delle carezze, ma perché entriamo nella dimensione del ricevere cure e del prendersi cura di.

Le domande stimolo a fine gioco sono fondamentali. Che emozione hai provato quando il compagno ti accarezzava le mani/il viso? Che emozione hai provato quando tu accarezzavi le mani/il viso del compagno? Ti è piaciuto di più prenderti cura del compagno o ricevere le sue cure?

Nei feedback, moltissimi bambini, anche piccoli, attribuiscono la medesima importanza al dare e al ricevere, dimostrando sul campo che amare ed essere amati hanno lo stesso valore e la stessa importanza; che l'una non esisterebbe senza l'altra. L'emozione preminente che provano è la gioia, seguita qualche volta dalla vergogna.

Mi abbraccio e ti abbraccio
Sparpagliati per la palestra, nell'aula o in un altro ambiente sufficientemente spazioso per il movimento del gruppo, i bambini camminano lentamente senza badare agli altri. A un battito di mani di chi conduce il gioco, si fermano e abbracciano se stessi; due battiti di mano e abbracciano il compagno più vicino (senza sceglierlo); quando sentiranno tre volte battere le mani, si abbracceranno in tre. Come sempre alla fine di ogni gioco, ci si siede in cerchio per condividere le emozioni e i pensieri emersi durante l'esperienza.

Comunque sarà già molto eloquente, per chi guida, vedere l'espressione dei volti durante il gioco: tendono a chiudere gli occhi, a sorridere, a stringere forte il loro compagno per trasmettergli affetto e amicizia o a stringerlo con delicatezza e timore, per paura di fargli male o per pudore.

Nonostante le timidezze e le resistenze, i commenti finali sono sempre positivi, a volte sorprendenti, come nel caso di Luca, sette anni: «Maestra, più di tutto mi è piaciuto quando mi sono abbracciato. Mi sentivo meno solo. Ora so che è come avere un amico sempre con me». L'amore per se stessi... un bene supremo.

Mi fido di te
Si formano le coppie stabilendo chi è A e chi B. Con un foulard o una sciarpa, uno dei due benda l'altro (se sono troppo piccoli lo farà il conduttore) e, prendendolo per mano, lo guiderà nello spazio circostante, facendo attenzione a non farlo inciampare, cadere o urtare contro qualcosa o qualcuno. Il bambino bendato si lascerà guidare. Allo stop del conduttore i ruoli si invertono.

Questo gioco sviluppa in chi è bendato un atteggiamento di

apertura e fiducia incondizionata verso l'altro, maggiore acutezza degli altri sensi; in chi guida, senso di responsabilità, amorevolezza e cura dell'altro, attenzione per l'ambiente circostante. È un esercizio che ai bambini piace tantissimo ed è bellissimo vedere la facilità con cui lo eseguono.

Quando lo faccio sperimentare agli adulti, le cose si complicano. Almeno la prima volta, nella quasi totalità dei casi, chi è bendato fa fatica a lasciarsi andare e chi conduce, anche se ritenuto affidabile, fa altrettanta fatica a gestire le resistenze del compagno.

Solo se reiterate nel tempo queste esperienze possono sortire benefici profondi e duraturi, tanto nei bambini quanto negli adulti. Quando si coinvolgono genitori e figli, gli effetti sono amplificati. Ed ecco i miei cuccioli alle prese con gli abbracci!

A scuola di emozioni

Questa mattina sono stata in supplenza in una classe terza. Come sempre, sono entrata salutando e con un mega sorriso in viso. Mi sono presentata, ho detto ai bambini che ero contenta di conoscerli e mi sono complimentata perché si respirava una bella energia di gruppo. I bambini mi hanno guardato stupiti e, ricambiando il sorriso, hanno iniziato a chiedermi in quale classe insegnassi, quali discipline, quanto tempo sarei rimasta con loro. Tante domande, tanta curiosità!

A quel punto ho proposto loro un ventaglio di attività tra cui scegliere: eseguire un lavoro didattico, fare una cornicetta, un disegno, scambiarsi le figurine dell'album che molti stavano sfogliando già da prima che arrivassi. Sai com'è finita? Hanno accantonato tutto e abbiamo parlato di emozioni. Non ricordo neanche come ci siamo arrivati, so solo che un bambino ha dichiarato: «Io vado dalla psicologa perché ho tanta ansia».

Che dire, di fronte a un bisogno di esprimersi così manifesto, non ho resistito e abbiamo intavolato una discussione su ciò che li rende felici, ansiosi o arrabbiati. Gli album, le figurine, i disegni, tutto è passato in secondo piano.

È stato un incalzante susseguirsi di interventi sempre più personali e intimi. Ancora una volta i bambini mi hanno dimostrato il grande bisogno che hanno di esprimersi e di essere aiutati.

Ho insegnato loro un esercizio di respiro consapevole. Erano interdetti. Affidandosi a una maestra decisamente strana, hanno chiuso gli occhi, hanno preso contatto con la loro pancia e si sono fatti guidare in dei respiri lenti e profondi.

Ci siamo lasciati con l'auspicio che sarei ritornata e avremmo continuato da dove avevamo lasciato. Erano dispiaciuti e lo ero anch'io.

Ma facciamo un passo indietro e torniamo a quel bambino che va dalla psicologa perché è ansioso. Bravissimi i genitori che si sono attivati per aiutarlo. Non tutti lo fanno e non sempre è possibile. Ma quanti bambini necessiterebbero di un supporto per riconoscere e imparare a gestire il proprio mondo emotivo? Tutti, nessuno escluso!

Ed è paradossale e grave che l'istituzione preposta all'educazione, dove i giovanissimi trascorrono la maggior parte del loro tempo, non si faccia carico di questo aspetto così importante nella vita di ogni essere umano.

Oggi se ne sente parlare da più parti e tanti docenti realizzano progetti sulle emozioni. Eppure non basta. L'educazione all'affettività non può essere pianificata settimanalmente, attraverso l'ausilio di un libro o di qualche disegno, incastrata in qualche ora ritagliata a fatica da un docente, costretto a destreggiarsi tra prove Invalsi, verifiche bimestrali, programmi e argomenti da completare.

Come ho ribadito altrove, ritengo fermamente che solo gli insegnanti possano rivoluzionare la scuola, ma per fare questo hanno bisogno di lavorare su se stessi. Insegnanti felici, sicuri, soddisfatti e consapevoli trasmetteranno felicità, sicurezza, soddisfazione, consapevolezza. E lo stesso vale per i genitori.

Gli adulti hanno il dovere di educare all'affettività, ma prima ancora hanno essi stessi il dovere e il diritto di essere formati attraverso corsi diversi da quelli che la scuola propone; corsi esperienziali nei quali sono chiamati a mettersi in discussione e in gioco, che li coinvolgano nella totalità di esseri umani, non solo come docenti.

I risvolti nella vita di un adulto che intraprende un percorso di crescita personale sono incredibili. Lo testimoniano le tante persone che, lungo il mio cammino, ho incontrato e ho avuto modo di seguire, le quali hanno spesso radicalmente trasformato la qualità delle loro relazioni raggiungendo uno stato di benessere psicofisico ed emotivo mai avuto prima. Ottenere questi risultati non è automatico, ma frutto di un impegno serio e costante nel tempo. «La disciplina è il ponte tra l'obiettivo e il risultato» (Jim Rohn).

Ora pensa a quante e a quali emozioni provi durante la tua giornata. Se riesci, appuntale su un foglio, dividendole tra positive e negative. Sono in maggioranza le prime o le seconde? Quanto è ricco e vario il tuo vocabolario emotivo?

Solitamente un adulto non riesce a scriverne più di dieci. È incredibile, abbiamo un mondo interiore straordinariamente ricco di toni e sfumature emotive, eppure non riusciamo né a sentirle, né a riconoscerle. Questa conoscenza approssimativa e la mancanza di consapevolezza ci limitano tantissimo nella relazione non solo con gli altri ma anche con noi stessi.

Prendiamo ad esempio l'emozione che definiamo rabbia: essa si declina nella forma più lieve come fastidio e in quella più acuta come furore; nel mezzo abbiamo disappunto, stizza, collera... ma non essendo stati abituati a distinguerne i diversi livelli, finiamo per associarla a una sola parola, rabbia, appunto, che usiamo nelle situazioni più disparate. Così ci dichiareremo arrabbiati sia se durante una cena all'aperto ci hanno infastidito delle zanzare, sia se il nostro partner ha dato fondo a tutti i risparmi in comune, a nostra insaputa.

Dire a noi stessi "sono infastidito" è ben diverso da "sono arrabbiato". Quindi la prossima volta che sperimenterai questo stato d'animo, chiediti:
- Cosa sto provando realmente?
- Qual è la sua reale intensità?
- È congruente con la situazione?

A volte già solo questo è sufficiente per prenderne le distanze e ritrovare uno stato di serenità.

Più il nostro vocabolario emotivo è articolato, più riusciremo a padroneggiare il nostro mondo interiore e a riconoscere quello degli altri. Prova a pensare ai risvolti di un lavoro del genere con un bambino o un ragazzo. Se gli insegniamo che c'è differenza tra l'essere infastidito perché un compagno gli ha preso la gomma senza chiedergliela e l'essere arrabbiato per un rimprovero ingiusto, gli stiamo permettendo di creare la giusta corrispondenza emotiva tra un evento e la sua reazione.

Questo è ciò su cui mi sono focalizzata quest'anno con i miei piccoli alunni: dopo aver distinto le emozioni di base, ne stiamo conoscendo l'intensità. In questa fase non importa conoscere la nomenclatura in dettaglio, che sarà oggetto di conoscenza dal prossimo anno.

La parete della crescita e delle emozioni
Chiunque entri in una scuola dell'infanzia vedrà aule addobbatissime, suppellettili a misura di bambino, pareti con cartelloni super colorati. Il bambino viene catapultato in un mondo fantastico!

Alla scuola primaria le immagini e i colori persistono, anche se in maniera più attenuata, fino a sparire quasi del tutto alla secondaria di primo grado, dove il mondo, perdendo le sue sfumature, diventa improvvisamente in bianco e nero. Ne ho viste tante di aule così, entrandoci di sfuggita o standoci ore, in occasione di riunioni collegiali, e mi sono sempre chiesta come dei ragazzini potessero coltivare l'amore per il sapere in ambienti così spogli, asettici, privi di identità. Mi hanno sempre suscitato una profonda tristezza e una voglia irrefrenabile di scappare.

Sono fermamente convinta che ogni aula di scuola, di ogni ordine e grado, dovrebbe rispecchiare i suoi ospiti, insegnanti compresi. Prova a immaginare se in ogni aula fosse allestita la parete della crescita e delle emozioni. Non solo lettere, numeri, eventi geo-storici e scientifici, ma motti e frasi potenzianti, immagini e vissuti dei ragazzi.

Questi ultimi si sentirebbero ancora pesci fuor d'acqua? Certo che no! Rimarrebbero più volentieri tra quelle quattro pareti? Certo che sì! Si tratta di predisporre un ambiente che sappia di casa, che emani calore, amore, senso di protezione, in cui riconoscersi, dove portare fino in fondo se stessi, comprese le parti più fragili e irrisolte.

Di anno in anno le mie aule hanno subito un profondo "restyling". Nel ciclo precedente, la nostra parete si è arricchita sempre più, conseguentemente alla crescita mia e dei bambini. Ho realizzato dei coloratissimi gufetti che ho affisso di fronte a loro e sui quali ho scritto delle frasi su cui abbiamo riflettuto profondamente fino a farle diventare nostre.

Eccone alcune: «Se puoi sognarlo, puoi farlo» (Walt Disney); «La paura bussò alla porta, il coraggio andò ad aprire e non trovò nessuno» (Goethe); «La mente è come un paracadute. Funziona solo se è aperta» (Albert Einstein); «Non è forte colui che non cade mai, ma colui che cadendo si rialza» (Goethe); «Si guida con l'esempio».

Per anni il motto della classe è stato: «Sorridi e il mondo ti sorriderà». Nello zaino avevano anche il naso rosso da pagliaccio che tiravano fuori quando ritenevano opportuno. Naturalmente anch'io avevo il mio. Coltivavamo l'allegria!

Con i bambini di prima quest'anno i motti sono molteplici. Oltre a quello del sorriso e dell'errore, ce ne sono altri che fortificano l'autostima. Mi commuovo e mi diverto quando, alle prese con un nuovo compito o di fronte a una difficoltà, si incoraggiano a vicenda: «Dai, buttati che è morbido!»; «Se ci provi più volte ci riesci!»; «Le cose prima difficili poi diventano facili». La potenza di questi messaggi è indubbia, laddove permettiamo ai bambini di nutrirsene ogni giorno, in maniera guidata prima e spontanea dopo.

Alla parete ci sono anche tutte le nostre belle e amate emozioni di cui stiamo facendo un'approfondita conoscenza. L'aula in cui siamo è piccolissima, ma questo non ci impedisce, anche se a fatica, di realizzare i nostri circle time. Il più delle volte utilizzo una modalità che ai bambini piace tantissimo: ci sediamo tutti in cerchio sui banchetti.

Caro genitore, anche tu puoi fare lo stesso a casa. Scegli insieme a tuo figlio ciò che volete ricordare ogni giorno, scrivetelo su dei Post-it colorati e attaccateli nei luoghi strategici di ogni stanza: allo specchio del bagno, sull'anta dell'armadio in camera, sulla porta del frigorifero tra i magneti souvenir... Insomma, sprigionate la fantasia!

RIEPILOGO DEL CAPITOLO 5:

- SEGRETO n. 1: Per arginare i moderni fenomeni di malessere e dipendenze e favorire uno sviluppo sano e armonico dei giovanissimi, la scuola, la famiglia e la società tutta devono mettere in campo attività e strumenti educativi alternativi.
- SEGRETO n. 2: Pratica ogni giorno qualche minuto di respiro consapevole per entrare in contatto con te stesso, sperimentare un rilassamento e cominciare a vivere il tempo presente.
- SEGRETO n. 3: Abituare il bambino a concentrarsi sul respiro ogni qualvolta, a scuola, a casa o altrove, vive momenti di disagio, rabbia, frustrazione, paura, per imparare a rilassarsi e a gestire le proprie emozioni.
- SEGRETO n. 4: Fai dell'abbraccio un gesto quotidiano.
- SEGRETO n. 5: I giochi e gli esercizi di contatto e di fiducia sviluppano in bambini, ragazzi e adulti l'apertura verso gli altri e l'empatia.
- SEGRETO n. 6: Non è mai troppo tardi per essere educati all'affettività. Un diritto di tutti, inalienabile.
- SEGRETO n 7: È fondamentale per il proprio benessere riconoscere le diverse sfumature delle emozioni per gestirle e per rispondere nella maniera più funzionale agli stimoli e agli

eventi esterni.
- SEGRETO n. 8: Ricordati che un'immagine vale più di mille parole, per ogni essere umano e a qualunque età. Impariamo a comunicare anche attraverso le immagini e il colore, portatori di emozioni.
- SEGRETO n. 9: Allestisci anche tu nella tua classe la parete della crescita e delle emozioni. Scegli insieme ai tuoi alunni le frasi e gli argomenti più idonei ed efficaci e lascia che di essi si nutrano ogni giorno.

Capitolo 6:
Come conquistare i giovani col carisma

È ora di pranzo, sono a mensa in supplenza su un gruppo classe che non conosco. Accanto a me siedono due bambine di otto anni. Cominciamo a parlare. Quando chiedo se giocano con le bambole, una mi risponde con tono deciso: «No, non gioco mai con le bambole. A casa ne ho tante ma sono sempre in una cesta». L'altra interviene immediatamente: «Allora se non ci giochi dalle a me». «Va bene, tanto io gioco con la play e il telefonino».

Queste poche battute esemplificano la situazione odierna. Sebbene una fetta minore di giovanissimi sembri resistere, rimanendo ancorata ai giochi tradizionali e alla propria identità di bambini, è innegabile che la maggior parte di essi è risucchiata dal digitale e dal virtuale.

Tablet, pc, telefonini sono fagocitati bulimicamente, senza regole e senza limite, creando così indigestioni e obesità da cui non si riesce a uscire, fino a fagocitare essi stessi i giovani fruitori (solo i giovani?).

L'aggressività dei fanciulli, la loro apatia, la mancanza di curiosità, le difficoltà di attenzione, la sempre più crescente anticipazione dei disturbi dell'umore, derivano anche dall'uso spasmodico di questi strumenti e celano una rivendicazione inconscia di un'infanzia non vissuta.

È possibile contrastare questa ipnosi collettiva? Possiamo offrire ai nostri giovani e giovanissimi qualcosa di più seducente e galvanizzante? Abbiamo il potere di invertire la marcia? Ovviamente sì! Bambini e giovani hanno un estremo bisogno di figure di riferimento reali e vicine. Non di supereroi muniti di superpoteri e strumenti eccezionali, prerogativa di pochi nell'immaginario collettivo, ma di donne e uomini che abbiano carisma.

Questo termine, inizialmente usato in ambito religioso, solo nel XIX secolo fa il suo ingresso nelle scienze sociali. Oggi viene usato generalmente per indicare l'insieme delle caratteristiche straordinarie che alcuni individui possiedono, grazie alle quali diventano dei leader nei contesti in cui operano.

È indubbio che ci siano individui naturalmente carismatici, eppure ognuno di noi può diventarlo: il carisma si può costruire. Ritengo questa la strada che ogni adulto, insegnante e genitore in particolare debba perseguire. L'unica capace di tenere in vita e nutrire quel filo rosso con i piccoli e i giovani, la sola che possa superare le fisiologiche ribellioni dell'età adolescenziale, lasciando indenne il rapporto genitori/figli.

Ma quali caratteristiche possiede chi ha carisma? Chi possiede carisma è un buon comunicatore, guarda sempre l'aspetto positivo delle persone e degli eventi, condivide le sue conoscenze, contribuisce al miglioramento dell'ambiente in cui vive e lavora. È serio ma non serioso, flessibile, corretto, coerente, generoso e paziente.

Ha il coraggio di dire no agli altri quando è necessario. Sceglie sempre di fare la cosa giusta, mai quella conveniente. Gestisce il cambiamento rimanendo sempre fedele a se stesso. È un leader, un

punto di riferimento per chi gli gravita intorno. L'elenco potrebbe continuare, ma ci sono tre aspetti importantissimi dai quali derivano tutti gli altri:
1. Non è perfetto, per cui sbaglia esattamente come ogni altro essere umano e quando succede lo ammette. Impara dagli errori.
2. È in continua crescita personale e spinge gli altri a fare lo stesso.
3. L'empatia è la sua più grande qualità.

Caro collega, caro genitore, fai dell'empatia la tua prima caratteristica e diventerai un catalizzatore non solo per i tuoi alunni e i tuoi figli, ma per chiunque incontrerai sul tuo cammino.

Comunicazione on
Una buona comunicazione è alla base di ogni relazione empatica. Nell'Istituto Scolastico dove ho lavorato per lungo tempo transitavano annualmente diversi insegnanti. Ne ricordo una, in particolare, che si era presentata sciorinando la sua bella laurea in psicologia. Ufficialmente avrebbe dovuto supportare i bambini più in difficoltà, ma finì, come spesso purtroppo accade, col supplire i docenti assenti, ruotando su più classi.

Sebbene per poco, entrò nella mia facendo a suo dire una pessima esperienza. Il primo giorno uscì dall'aula sconvolta. Mi venne subito a parlare. Le illustrai la situazione della classe, le caratteristiche di alcuni bambini, le diedi dei consigli su come rapportarsi con loro. Inoltre la invitai ad attingere al suo background e a mettere in pratica le tante strategie e strumenti di cui, in quanto psicologa, sicuramente era in possesso. Per quel che ne so, non seguì gli uni né mise in pratica gli altri. Tutt'altro!

Una mattina attendevo la collega supplente di turno. La porta dell'aula era aperta, io ero seduta sul mio banchetto e conversavo tranquillamente col gruppo quando, all'improvviso, la vidi arrivare col viso corrucciato. Era evidentemente mal disposta e il suo malumore sicuramente fu acuito dal silenzio e dalla pace che regnavano in aula e che percepiva a mano a mano che si avvicinava. Entrò facendo un saluto forzato e aggiunse: «Oggi vi dovete comportare bene!» Non andò esattamente così e, giorni dopo, mi riferirono che era molto contrariata.

Non riusciva proprio a comprendere come quei bambini, che con lei non rispettavano le regole, con me adottassero un comportamento opposto. «Com'è possibile che solo con lei stiano buoni?»

Questa è una bella domanda, e poteva essere altamente potenziante e illuminante se la collega non l'avesse inficiata con la sua rabbia e, forse, con un pizzico di invidia. Se anziché sentirsi ferita nel suo orgoglio fosse stata davvero interessata a capire, l'avrebbe rivolta a me, ottenendo una risposta esaustiva. Io non ho superpoteri e ottenere quel risultato mi è costato fatica.

Il mio viso sorridente li aveva accolti il primo giorno di scuola e continuava ad accoglierli ogni mattina da ben quattro anni. Su un totale di 28 ore settimanali, ben 22 le trascorrevano con me. Ma queste due condizioni avrebbero potuto da sole garantire rispetto e amore? Purtroppo no! Un grande generatore di miscommunication, e conseguentemente di rapporto disfunzionale, è proprio pensare che, una volta creata la relazione positiva, questa viva di vita propria. Non è così.

Nessun tipo di rapporto (genitore-figlio, insegnante-alunno, marito-moglie) sopravvive se non viene nutrito sistematicamente e bene ogni giorno. Il filo rosso che tiene unite le persone è il rapport, che si crea attraverso il sorriso, il contatto visivo, il tono di voce, il linguaggio corporeo, l'ascolto attivo. Questo facevo ogni giorno dal momento in cui mettevo piede in classe e questo continuo a fare tutt'ora: creare rapport.

Se le cose che sto dicendo ti sembrano ovvietà, permettimi di spiegarti meglio perché, vedi, è proprio questo uno dei maggiori tranelli: pensare che certe cose siano scontate o poco importanti, mentre costituiscono la differenza che fa la differenza!

Caro collega, avrai sentito parlare della teoria dei neuroni specchio, secondo la quale esiste un'interconnessione e un condizionamento tra gli esseri umani che entrano in contatto. Bypassando il suo aspetto più scientifico, e rimanendo su un piano pratico, vuol dire che, se entriamo in classe con uno stato emotivo negativo, negli alunni si attiveranno naturalmente quei neuroni che gli faranno provare un'emozione simile.

Se ho paura di non riuscire a gestire il gruppo, quasi certamente non ci riuscirò, perché gli alunni, percependola, si posizioneranno al mio stesso livello emotivo. Se mi prefiguro comportamenti scorretti, schiamazzi, disattenzione e svogliatezza, quello che sicuramente riceverò sarà questo. Tutto avviene in modo totalmente inconscio, non c'è alcuna intenzionalità.

Ricordati, sono anch'io un'insegnante, vivo le tue stesse difficoltà, sono "uguale a te" e quindi so quale pensiero di scetticismo probabilmente ti ha pervaso in questo momento: «Se fosse come dici tu, perché le volte che sono entrato in classe felice e sereno non ho avuto la stessa risposta di felicità e serenità?»

Perché non siamo dei robot, siamo esseri estremamente complessi e perché in una relazione così delicata tra alunni e insegnanti entrano in gioco tantissime variabili, molte delle quali non possiamo controllare. Noi possiamo fare solo del nostro meglio, possiamo fare la nostra parte, e già questo è molto, non per avere un risultato certo, ma il migliore che si possa ottenere.

Quando comunichiamo, il linguaggio corporeo incide per il 55%, quello paraverbale per il 38% e il verbale solo per il 7%. Ti rendi conto? Le parole, che riteniamo essere il veicolo privilegiato in ogni relazione, hanno il peso minore! Allora che fare? È necessario canalizzare più energia su ciò che accompagna le parole: tono, volume, velocità, pause ed espressioni del viso, movimenti del corpo, postura, prossemica.

Per comunicare in maniera efficace, è necessario che ci sia coerenza tra tutti questi aspetti. Diversamente, saranno percepiti come autentici (soprattutto a livello inconscio) solo quelli corporei. Ovviamente, tutto questo vale anche nel rapporto tra genitori e figli.

Caro genitore, ti invito a fare subito un esperimento. Qualunque età abbia tuo figlio, che abbiate litigato poche ore fa oppure no, parlagli con tutta l'intenzionalità di creare rapport. Guardalo dritto negli occhi, usa un tono amorevole, fai le giuste pause, prenditi il tempo di osservare le sue reazioni, lascia a lui il tempo di esprimersi, poniti in ascolto di ciò che non dice a parole e, magari, concludi con un inaspettato abbraccio.

Fallo per più giorni, come fosse un esercizio, un compito che ti è stato assegnato, indipendentemente dalla sua reazione. Una possibile ritrosia potrebbe essere frutto di imbarazzo, mancanza di abitudine, pudore. Non demordere. Se rimarrai focalizzato, comunicherete a un livello più profondo e autentico. Vedrai che risultati!

Moderni cantastorie
Non è facile catturare l'attenzione dei fanciulli di oggi ma, come già detto, uno strumento sempre valido rimangono le storie. Ogni adulto dovrebbe essere un cantastorie. Raccontare o leggere una storia implica il concerto di vari elementi: modulazione della voce, mimica facciale, gestualità corporea, interpretazione passionale dei personaggi. La presenza armonica di tutti questi elementi garantisce spettatori e uditori coinvolti e aperti emotivamente.

Prova a leggere lo stesso racconto a due gruppi di bambini usando differenti approcci, uno piatto e monocorde, l'altro vario e dinamico. Vedrai due reazioni completamente opposte. Io l'ho sperimentato volutamente più volte ed è incredibile come cambino l'attenzione, il coinvolgimento e i livelli di energia.

Ma è così importante raccontare e ascoltare storie? Sì! Lo è da piccoli come da adulti. Dei tantissimi corsi che ho frequentato, percorsi intrapresi, libri letti, ciò che per me si è rivelato prezioso, fonte di chiarezza, di riflessione, di insegnamento e di spinta al cambiamento sono state sempre le storie.

Vere, inventate, simboliche, concrete, vicine o lontane nel tempo e nello spazio, di persone e personaggi noti e non, le storie richiamano archetipi collettivi insiti in ognuno di noi, contattano le nostre parti più profonde e aprono un varco sul mondo dell'intuizione. Inoltre potenziano l'immaginazione, l'attenzione, la memoria, l'immedesimazione, che sviluppa l'empatia, fondamentale per consapevolizzare le proprie e le altrui emozioni e per riconoscerne le sfumature.

Con le storie possiamo veicolare i messaggi più importanti; sono aggreganti, socializzanti, didascaliche e sono sempre accompagnate da una morale, anche quando non la si evince immediatamente. Infine, possono diventare un immediato e potentissimo riferimento per effettuare dei cambiamenti concreti nella propria vita.

Sai perché? Perché il nostro cervello non distingue una cosa vividamente immaginata da una realmente accaduta. Che cosa significa questo? Quando partecipiamo empaticamente, immaginando luoghi, scene e personaggi, entrando nella storia, vivendo le emozioni, le sensazioni e le azioni che la accompagnano, il nostro cervello registra tutto come se stesse accadendo realmente.

Allora è facile intuire che, se leggiamo o raccontiamo a bambini e ragazzi storie di coraggio, fiducia in se stessi e negli altri, speranza, determinazione, altruismo, senso di responsabilità, volontà, disciplina, stiamo permettendo loro di assimilarli e svilupparli. Quanto impatteranno le storie di coraggio su un bambino pauroso? E quelle di intraprendenza su uno insicuro? E, ancora, quelle di resilienza su un bambino che ha paura di sbagliare?

Alle storie, orali e scritte, è stato affidato il compito di tramandare e conservare interi sistemi valoriali e socio-culturali. I personaggi, reali o immaginari, hanno ispirato intere generazioni condizionandole, a volte in positivo a volte in negativo. Pensiamo, per esempio, a fiabe come *Cenerentola* o *Biancaneve*. Quanto hanno contribuito a consolidare l'immagine della donna passiva, fragile, incapace di risolvere i problemi, bisognosa del principe azzurro per essere salvata? Quante bambine, me compresa, si sono identificate con questo modello di donna, interiorizzandolo?

Ecco allora che non basta solo saper raccontare storie, ma è fondamentale che l'adulto diventi un facilitatore per i bambini e i ragazzi, guidandoli nella ricerca della più corretta interpretazione, funzionale al loro processo di maturazione. Nel caso di alcune storie classiche, come quelle su indicate, sarebbe auspicabile una chiave di lettura non scontata, addirittura rivoluzionaria. A questo scopo, fondamentale diventa porre le giuste domande.

Clarissa Pinkola Estés, nel capolavoro *Donne che corrono coi lupi*, racconta proprio della forza, del mistero e del potere incantatore delle storie. Passandone in rassegna diverse, tramandate nei vari punti del globo, riesce a darne una chiave di lettura originale, altamente simbolica e spirituale.

Pur essendo un testo di notevole profondità e complessità di linguaggio e argomenti, può essere per l'adulto una valida guida per imparare a leggere le storie da altri punti di vista, ponendosi domande nuove, funzionali e potenzianti. Un chiaro esempio ne è *La piccola fiammiferaia*, una fiaba che tutti conosciamo e di cui ricordiamo il triste epilogo: in una notte di freddo pungente, la bambina muore per strada, da sola.

L'autrice invita ad andare oltre, chiedendoci cosa avrebbe potuto fare di diverso la protagonista, e se davvero non avesse altra scelta se non quella di lasciarsi morire. Forse avrebbe potuto «andare in un altro paese, infilarsi in un carro, rintanarsi in uno scantinato pieno di carbone...»

Se abituassimo i bambini a una rilettura di questo tipo, li educheremmo al problem solving, a vedere le situazioni da più punti di vista, a cogliere opportunità dove sembra che non ci siano e, infine, a trasportare questa mentalità vincente nella vita reale, soprattutto in quella futura.

Risulterà evidente ora che non mi riferisco alla classica lettura di storie che ogni genitore fa a casa, né alle attività che in genere si svolgono a scuola. Sto parlando di qualcosa di più profondo, di un lavoro sistematico e consapevole che, se reiterato nel tempo, porta sicuramente a risultati straordinari.

Influencer e influenze

Il mondo della moda, della musica, dello spettacolo, dei social è pieno di figure emergenti capaci di trascinare migliaia di giovanissimi. Non a caso oggi si parla di influencer. È diventato addirittura un lavoro! Queste persone indirizzano gusti, determinano bisogni e desideri, costruiscono abitudini, condizionano il modo di pensare e non sempre lo fanno in maniera corretta e positiva.

Certo, ogni generazione ha avuto i suoi idoli, ma moltissimi di quelli moderni celebrano la vacuità, alimentando un'ambizione finalizzata all'ottenimento di notorietà e facili guadagni, promuovendo il culto della perfezione corporea che si traduce il più delle volte in una discutibile omologazione estetica.

Grazie al digitale questo fenomeno si è ampliato a dismisura e i modelli virtuali da emulare sono sempre più vicini. Cosa possiamo fare per arginare questi fenomeni? Com'è possibile che un individuo, anche in brevissimo tempo, sia capace di trasformare ciò che dice e che fa in un decalogo, in una bibbia rispettata e osannata da migliaia di persone?

La storia è sempre la stessa: bambini e giovani hanno bisogno di riconoscersi in qualcuno e di emularlo. Dunque, noi adulti dobbiamo diventare i veri influencer dei giovani con cui ci relazioniamo. Non dico che sia facile. Dico che è possibile. E questo non può avvenire attraverso le imposizioni e l'autoritarismo, né, al contrario, attraverso il permissivismo assoluto.

Caro genitore, ti sarà capitato di pensare che accontentare tuo figlio in ogni cosa possa essere la strada per ottenere maggiore rispetto e amore; magari lo avrai anche fatto, scoprendo a tue spese che non è così.

E proviamo a pensare a un docente amorevole che permette ai suoi alunni qualunque cosa. Per quanto le sue intenzioni siano buone, non riuscirà a gestire le loro richieste, che saranno sempre maggiori. Le aspettative aumenteranno sempre di più fino al sopraggiungere di un'assuefazione per cui nulla di ciò che otterranno sarà sufficiente. Il caos e l'anarchia finiranno col regnare sovrani. Sono stata più volte testimone di situazioni del genere. Bambini e ragazzi hanno bisogno di stabilità e regole, poche ma chiare, entro cui muoversi, capaci a un tempo di contenerli e farli esprimere.

«L'educazione è una fatica... che coinvolge i genitori, i nonni, gli educatori, anche quelli fuori scuola a cominciare dall'ambito sportivo. Tutto questo ha una ricaduta drammatica: è una generazione che non conosce più i sogni perché non sono state insegnate le passioni. A forza di dire di sì, tutto diventa grigio, si perdono i colori» (Paolo Crepet).

Impariamo a dire dei sani no e restituiamo ai nostri giovani passioni e sogni da coltivare e un mondo nuovamente colorato. A tale scopo, l'instaurazione di una relazione di fiducia è essenziale, ma va costruita giorno dopo giorno. Forse quando smetteremo di dare le cose per scontato e accetteremo che l'amore e il rispetto sono essi stessi non scontati, ma vanno insegnati, allora sarà un nuovo inizio, probabilmente il migliore.

In tutto questo, il distinguo dei ruoli è fondamentale. I miei alunni ogni tanto si rivolgono a me chiamandomi Nunzia e io, tutte le volte, ricordo loro amorevolmente che sono la maestra Nunzia. Perché lo faccio? Non certo per rigidità o cavillosità, bensì per ridefinire e rifocalizzare il ruolo di entrambi, posizionandoci nuovamente al posto giusto in una relazione in cui "io sono ok e tu sei ok". L'amore, il rispetto e la costruzione di un'identità solida non possono prescindere dalla definizione dei ruoli.

RIEPILOGO DEL CAPITOLO 6:

- SEGRETO n. 1: Il carisma è la chiave di accesso per ogni educatore.

- SEGRETO n. 2: Quando entri in relazione con qualcuno, ricordati di creare rapport attraverso il sorriso, il contatto visivo, il tono di voce, il linguaggio corporeo, l'ascolto attivo.

- SEGRETO n. 3: Per comunicare in maniera efficace deve esserci coerenza tra linguaggio verbale, paraverbale e corporeo. Diversamente, i messaggi veicolati saranno principalmente quelli corporei.

- SEGRETO n. 4: Le storie aggregano, potenziano l'immaginazione, l'attenzione, la memoria, sviluppano l'empatia. Sono un potente mezzo di cambiamento per l'adulto e di sana crescita per il bambino.

- SEGRETO n. 5: Chi impara a leggere le fiabe, le storie, i racconti, andando oltre il loro significato più immediato, riuscirà a farlo anche nella propria vita trovando, negli eventi e nelle situazioni, chiavi di lettura e soluzioni sempre diverse e insolite.

- SEGRETO n. 6: Qualunque sia il ruolo che rivesti come adulto, sii un influencer per i giovani e i giovanissimi che gravitano nella tua vita.

Capitolo 7
Creare il domino del cambiamento

Cambiare consapevolmente
Le perdite e i distacchi attraversano la vita di ognuno di noi. Sono due concetti forti, carichi di emotività, che ci aprono immediatamente a ricordi, luoghi, affetti e che, il più delle volte, associamo alle persone.

Tutti abbiamo sperimentato una perdita: una persona cara, un'amicizia, un amore... ma anche situazioni, opportunità, un bene materiale e, se zoomiamo, andando a ritroso nel tempo, possiamo scoprire una miriade di piccoli distacchi e perdite di cui eravamo inconsapevoli. Solitamente, però, si tratta di qualcuno o di qualcosa che è fuori di noi, mentre se proviamo a fare un'analisi più profonda, possiamo accorgerci che nel corso della nostra vita abbiamo perso anche molte parti di noi: determinati gusti, comportamenti, pensieri, credenze.

In questo processo connaturato alla maturità di ogni individuo, alcuni cambiamenti sono indipendenti dalla propria volontà, altri frutto di una scelta consapevole. Ti è mai capitato di andare a cena o di prendere un caffè con qualcuno che non vedevi da molti anni e di ritrovarlo esattamente così com'era? Magari con qualche ruga in più, qualche capello in meno o al contrario più in forma che nel passato, eppure i suoi discorsi, il suo modo di pensare, sono esattamente gli stessi di allora! E ti ripropone le stesse espressioni, le stesse parole, le stesse idee, insomma un deludente déjà-vu.

Intendiamoci, va bene anche così perché, ribadisco, là dove è possibile, ognuno sceglie se e in cosa cambiare. Io per esempio sono rimasta ancorata alle mie idee per anni ma, dal momento in cui ho compreso che il cambiamento è inevitabile, ho voluto assumermene la responsabilità. Quindi, che tutti subiamo cambiamenti è un dato di fatto, che tutti ne siamo artefici consapevoli, no.

In un processo educativo completo bisogna imparare e insegnare a direzionare il cambiamento e, proprio come l'errore, considerarlo fenomeno imprescindibile della vita stessa. Ma quanti di noi lo sanno? Noi cambiamo continuamente. Ogni due anni rinnoviamo completamente le cellule del nostro corpo, ma avete mai sentito dirlo da un medico?

I messaggi che solitamente accompagnano il cambiamento riguardano il passare inesorabile del tempo, rafforzati da frasi del tipo: *goditi la gioventù perché è breve; l'infanzia è la migliore età; quando sarai adulto avrai solo problemi...* Dobbiamo dunque stupirci se un bambino o un ragazzo in cui siano state instillate queste convinzioni finisca col dare poco valore a quello che fa e diventi un adulto che approccia alla vita con pessimismo, sempre col freno a mano tirato, mosso e condizionato dalla paura?

I luoghi comuni possono essere davvero deleteri. La gioventù, così come l'infanzia, per alcune persone rappresenta il periodo peggiore (basti pensare alle comunità di recupero per tossicodipendenti o a un reparto di oncologia pediatrica).

Dunque, se si dà credito a queste convinzioni, si possono solo immaginare orribili scenari futuri e sentirsi senza via di fuga. E invece no. La vita può migliorare in un istante, ma solo se ci crediamo e lo vogliamo davvero, perché «Finché vivo ho diritto a vivere» (Giovanni Paolo II).

Dal momento in cui ho iniziato a gestire il cambiamento, da nemico è divenuto, di volta in volta, a seconda delle occasioni, un amico confidente, un alleato su cui poter contare, un mentore da emulare, una lezione da cui imparare, un'opportunità da cogliere, una sfida attraverso la quale crescere.

Tutti amiamo stare nella nostra zona di comfort, al calduccio, dove assaporiamo la dolce illusione che ogni cosa possa rimanere così com'è per sempre, fino a quando in questo assetto "perfetto" non interviene un imprevisto che fa vacillare o alterare il sistema.

Una sana educazione non può prescindere dall'insegnare a gestire il cambiamento e a esserne promotori attivi. Attenzione però a non cadere nel tranello di voler cambiare gli altri, non ne abbiamo facoltà e non sarebbe neanche etico. Possiamo cambiare solo noi stessi e, conseguentemente, influenzare chi ci sta vicino. Nessuno cambia nessuno e nessuno cambia se non lo vuole davvero.

E io l'ho voluto! Negli anni ho smantellato moltissime delle mie credenze. Ma erano davvero mie? No. Le avevo ereditate dalla famiglia, dalla scuola, dall'ambiente socio-culturale a cui appartenevo. Le avevo interiorizzate e me le sono portate dietro per anni.

Mi hanno accompagnato in ogni esperienza, condizionando le mie scelte, i miei obiettivi, i miei desideri, fino a quando mi sono resa conto che molte di esse erano vere e proprie zavorre, macigni che mi facevano barcollare, rallentare, fermare, bloccare.

Così le ho passate in rassegna una a una. È stato un processo molto doloroso, perché ho dovuto rimaneggiare e mettere in discussione parte della mia identità, molte delle mie idee, dei miei sogni, delle mie speranze. Ho dovuto attraversare diverse fasi, prima di tutto quella dell'accettazione. Inizialmente ho sentito rabbia e dolore. Perché non andavo bene così com'ero? Perché dovevo tradire e abbandonare una parte di me?

Poi, piano piano, ho accettato. Allora ho compreso che ciò che non era più funzionale un tempo lo era stato e ora, assolto il suo compito, era pronto ad andare via. Ho ringraziato e dentro di me è sparito anche il senso di colpa che aleggiava su ogni tentativo di rinnovamento.

Oggi so che non ho mai tradito né me stessa né le persone a me care. Ho solo rispettato e assecondato il mio nuovo sentire; perché è di questo che si tratta, portare fuori ciò che già siamo, ciò che è già maturo, proprio come il seme fecondato nella terra che si sente pronto a spuntare, o come il piccolo che, con forza propulsiva, rompe il guscio e nasce a nuova vita.

Nel processo di inculturazione familiare e scolastico, un ruolo primario lo hanno la trasmissione, l'interiorizzazione e la valorizzazione di modi di pensare, sentire e agire. Quando si è piccoli, ciò che arriva dal mondo dei grandi viene preso come oro colato e anche quando, con l'avanzare dell'attività critica, comincia il dissenso e si prendono le distanze dagli adulti di riferimento, certe regole, certe convinzioni, ormai sono state introiettate, hanno attecchito nella parte più profonda: l'inconscio, il vero motore della nostra vita.

Le credenze
Nell'inconscio alberga tutto ciò che di bello e meno bello abbiamo esperito associandovi forti emozioni. In particolare vi risiedono le nostre credenze, ossia l'insieme delle convinzioni che abbiamo riguardo a qualcosa o a qualcuno, compresi noi stessi.

Quando mi trasferii a Roma, il dirigente scolastico del mio nuovo istituto mi assegnò l'ambito logico matematico in una classe seconda. Ammetto che emotivamente non fu un bell'inizio. In linea con la mia laurea, e sentendomi profondamente umanista, fino ad allora mi ero sempre occupata dell'ambito linguistico e l'idea di cambiare non mi allettava. Inoltre mancavano pochi giorni all'inizio della scuola. Con non poche perplessità accettai la sfida. In fondo una parte di me aveva voglia di sperimentare qualcosa di diverso.

Così mi rimboccai le maniche e mi attrezzai al meglio che potessi. Libri di matematica, corsi, studi, insomma una vera e propria iniziazione che mi ha "trasformata" nella maestra di matematica. Da allora non ho mai incontrato un alunno che non amasse questa disciplina. Nella maggior parte dei casi era ed è la preferita, cosa non scontata. Ricordo la domanda e la perplessità di una mamma durante un incontro collettivo con i genitori: «Maestra, com'è possibile che tutti i bimbi di entrambe le classi siano innamorati della matematica?»

Che domandona mi aveva fatto! Se le avessi risposto esaustivamente, forse saremmo ancora tutti in quell'aula. Mi limitai a dirle che erano entrati in gioco tanti fattori positivi, primo fra tutti il grande potenziale dei bambini. Io avevo lavorato fin da subito sull'autostima e sulla credenza che ognuno di loro fosse bravo in matematica. Henry Ford dice: «Che tu creda di farcela o di non farcela, avrai comunque ragione».

Se un bambino crede di essere bravo in matematica, avrà una serie di pensieri ed emozioni positivi che si tradurranno in azioni volte a dimostrare questa verità. Ma, affinché questo accada, gli adulti hanno il compito di "installare e potenziare questo software". Ecco alcuni messaggi che do ai miei alunni quotidianamente:
- «Puoi farcela!»
- «La matematica si impara giocando!»
- «Ricordi quella volta che non riuscivi in quell'esercizio e poi

provando e riprovando ce l'hai fatta? Bene, ora chiudi gli occhi, ricorda quella situazione. Che emozione hai provato alla fine? Quanto eri felice? Cosa ti sei detto?»

- «Bimbi, avete visto che bel lavoro ha svolto il compagno?»;
- «Bravissimo!»
- «Grande!»
- «Ottimo lavoro!»

E non manco mai di far loro notare i progressi fatti, anche i più piccoli, né di battere il cinque, di dare loro una carezza, un abbraccio, per incitare e invitare a proseguire e, cosa più importante, ancorare tutte queste esperienze a emozioni positive. Che cosa accade al bambino che sistematicamente viene sottoposto a ciò?

Per spiegare questo processo mi avvarrò di una nota metafora. Immagina che la credenza "Sono bravo in matematica" sia un tavolo le cui gambe sono rappresentate da tutti i riferimenti positivi che noi adulti gli diamo. Più saranno numerosi, più il tavolo sarà solido e non traballerà neanche quando si solleverà il vento. In altre parole, perderanno di importanza le difficoltà che il bambino incontrerà; le opinioni altrui limitanti e denigratorie non avranno alcun potere su di lui, perché ciò che egli crede di se stesso è enormemente più potente e più forte di ciò che gli arriva dall'esterno.

E se facessimo questo tipo di lavoro con ogni disciplina? Se adottassimo questo atteggiamento per ogni attività e in ogni circostanza in aula, quanti miglioramenti, anche inaspettati, avremmo? Quanta resilienza svilupperemmo nei giovanissimi? Io lo faccio sempre, ogni giorno, con risultati evidenti, notevoli.

Caro collega, sono certa che anche tu già lo faccia, a modo tuo. Semplicemente io condivido il mio e ti invito a sperimentarlo. La scuola, con le sue logiche aziendali, con i suoi programmi calati dall'alto, con la sua asfissiante burocrazia, con i suoi ritmi incalzanti, ci limita e ci ingabbia, ma noi possiamo invertire la marcia avvalendoci della libertà d'insegnamento. Anche tu, caro genitore, puoi essere promotore di questo grande rinnovamento.

Ti invito a fare un esercizio. Ritagliati un po' di tempo e uno spazio di intimità. Prepara carta e penna perché ti serviranno in un secondo momento. Siediti e trova una posizione comoda. Chiudi gli occhi, rilassa le spalle, comincia a fare dei respiri profondi. Ora prova a pensare a una difficoltà che stai vivendo, oppure a una situazione che non riesci a risolvere o, ancora, a un obiettivo che non riesci a raggiungere. Come sempre, ti ricordo di fare tutto senza giudizio, mosso solo da una profonda pace e curiosa apertura.

Chiediti: quali sono le mie credenze riguardo a questa cosa? Osservale così come ti arrivano. Quando il flusso si interrompe, riapri gli occhi e scrivile di getto. Successivamente passale in rassegna e dividile in positive e negative. Ricordati che, se ce ne fosse anche solo una di queste ultime, è lì per sabotarti, quindi è necessario trasformarla in positivo attraverso un processo che ti spiego di seguito.

Se tu credi che "a questo mondo non puoi contare su nessuno", il tuo inconscio ti predisporrà a esperienze volte a confermare e a consolidare ulteriormente questa credenza. Il primo passo da fare è trovarne una che sia il suo opposto, ad esempio "a questo mondo ci sono tante persone su cui poter contare".

Il passo successivo è trovare gambe solide per il nuovo tavolo (ricordi la metafora?). Rilassati, chiudi gli occhi, respira profondamente e ripercorri le ultime giornate appena trascorse, focalizzandoti in particolare sulle persone incontrate. Individua una loro parola, un semplice atto di gentilezza, un piccolissimo gesto di cui puoi essere grato. Ecco, hai posizionato la prima gamba.

Ora, scrutando nei cassetti della tua memoria, spingiti più in là con i ricordi e vai alla ricerca di una circostanza in cui qualcuno ti è stato utile, magari in un momento di difficoltà. Rivivila vividamente e posiziona un'altra gamba. Adesso il tuo cervello è pronto a cercare altri eventi e situazioni grandi e piccole in cui qualcuno ti ha dimostrato che di persone su cui contare ce ne sono tante.

Facendo nuove associazioni neurologiche, ricordi vecchi e inaspettati riaffioreranno, magari quella volta in cui a essere aiutati sono stati un tuo amico oppure la tua vicina. A mano a mano che aggiungerai nuovi e solidi sostegni al tavolo, quello vecchio si indebolirà fino a crollare. La tua nuova credenza potenziante è pronta a essere nutrita e consolidata ogni giorno.

Una storia di eccellenza
Oggi più che mai si fa un gran parlare di integrazione. Non entrerò nel merito delle dispute politiche, né del quadro legislativo che la regola, ma di ciò che l'integrazione rappresenta per me e di come la sogno in ogni società, in ogni scuola, in ogni aula.

Grazie, Karim, che mi dai questa meravigliosa opportunità. Eri arrivato in Italia appena due settimane prima dell'inizio della scuola e, per una questione puramente anagrafica, fosti inserito in una classe quarta, la mia. Ti accolsero 23 sorrisi e ti aspettava un banchetto accanto a un nuovo compagno. Non parlavi e non comprendevi una parola di italiano. Silenzioso, spaesato, ti guardavi intorno.

Mi dissero del tuo arrivo solo il giorno prima che la scuola iniziasse, non feci in tempo a prepararti la giusta accoglienza. Inoltre, non avevo un collega di supporto, ero sola e lo rimasi per diversi mesi (non hai mai usufruito di un mediatore culturale!). Solo molto dopo mi affiancò una valida collega che mi diede un grande aiuto.

Quando a scuola non posso contare sugli adulti per una burocrazia farraginosa, per mancanza di fondi, per negligenza di alcuni, chiedo aiuto ai soli che possano darmelo: i bambini. Sì, fui sincera fino in fondo. Dissi a dei cuccioli di appena nove anni che avevo bisogno di loro. E così cominciò un lavoro quotidiano di amorevole alfabetizzazione.

Karim, in breve tempo, arricchì il suo vocabolario. Erano indubbie la sua intelligenza e la voglia di apprendere, ma non avrebbe ottenuto quei risultati se non ci fosse stato il supporto dei compagni, alfabetizzatori improvvisati, con la bravura dei professionisti. In occasione del primo colloquio con i genitori, nel mese di ottobre, si presentò la mamma. Parlava solo inglese. Mi disse che era felice per come era stato accolto Karim e di come stesse apprendendo la lingua.

Aveva le lacrime agli occhi, il suo volto trasudava amore e, prima di lasciarmi, mi prese le mani dicendomi più volte: «I love you maestra Nunzia, I love you». Quella sera faticai a prendere sonno, il cuore sembrava mi scoppiasse per la felicità.

E il padre? Sempre disponibile e attento, riuscì addirittura a imbarazzarmi. In un caldo pomeriggio, come consuetudine, era venuto a prenderlo all'uscita. A volte si avvicinava per chiedermi del comportamento del bambino, ci teneva che fosse rispettoso con i compagni e con le maestre.

Quella volta però fu diverso. Mi disse che lavorava in una pescheria e voleva regalarmi del pesce fresco. Pur avendo timore di offenderlo declinando la sua offerta, ricordo che dovetti insistere parecchio per distoglierlo da quel proposito. Tempo dopo Karim mi omaggiò con una meravigliosa pianta. Ero commossa, la gratitudine prescinde dagli usi e dai costumi dei popoli, è espressione dell'anima.

E intanto i mesi passavano. L'anno si concluse con successo e in quinta fu tutto più semplice per lui. Una mattina, tra due compagni nacque una querelle. Mentre cercavo di capire l'accaduto per mediare, esclamò: «Basta, lasciatevi tutto alle spalle!» Scese il silenzio, eravamo esterrefatti. Ora usava addirittura il linguaggio metaforico.

Ho nitida l'immagine di quando il lunedì mattina entrava in aula col tappetino rosa sottobraccio per fare yoga. Glielo avevo regalato io. Non lo ha dimenticato una sola volta e ha partecipato alle lezioni con un trasporto e una disciplina incredibili. Questi miracoli possono avvenire solo attraverso l'amore.

Questa è una storia di eccellenza, in cui ogni protagonista ha fatto il meglio che poteva, ha dato il meglio di sé, rispettando e onorando tutti gli altri. Ancora una volta è stato dimostrato che a fare la differenza sono le persone, i loro comportamenti e la loro passione, al di là di ogni limite, compresa l'età.

Sguardo al futuro
Dono queste pagine all'Universo, perché ne faccia l'uso migliore. Ciò che accadrà da questo momento in poi lo lascio decidere a Lui, infinitamente più grande e più saggio di me.

RIEPILOGO DEL CAPITOLO 7:

- SEGRETO n. 1: Il cambiamento è una costante nella vita di ognuno. È un dono e un'opportunità di crescita, se accolto e direzionato in funzione dei propri sogni.
- SEGRETO n. 2: La maggior parte delle convinzioni che albergano nel nostro inconscio non sono realmente nostre. Esse ci vengono trasmesse dalla famiglia, dalla scuola e dalla società in cui cresciamo.
- SEGRETO n. 3: Le credenze negative che abbiamo su noi stessi ci conducono a scelte e risultati che le confermano.
- SEGRETO n. 4: Aiutiamo i bambini a creare convinzioni positive su se stessi per fortificare autostima e resilienza.
- SEGRETO n. 5: Sostituisci le tue credenze negative con altre potenzianti, costruendo giorno dopo giorno tavoli con solidi sostegni.

Conclusione

Caro lettore, se sei giunto fin qui avrai compreso perfettamente che lo scopo di questo mio lavoro è quello di esserti davvero utile. In un momento così delicato per la scuola italiana, sulla quale piombano da un lato polemiche e accuse, dall'altro teorizzazioni avulse dalla realtà, io ho scelto di andare oltre le une e le altre. Ho voluto condividere non solo un messaggio di speranza, ma un percorso fattibile e innovativo.

Ora conosci molte delle mie strategie e degli strumenti che uso e, cosa più importante, la filosofia che ne è alla base, legata alla crescita personale e al miglioramento di se stessi. Da adesso, se vuoi, può diventare anche la tua. Non lasciarti sopraffare dalle difficoltà, non farti condizionare da chi non crede in te e nei tuoi sogni. Non regalargli la tua energia, circondati di persone positive, armati di grinta e passione... e buttati!

Ti ho parlato di quanto sia fondamentale rimanere eterni studenti, per imparare e aggiornarsi continuamente e per diventare ogni giorno migliori; di quanto sia indispensabile costruire ponti relazionali; di come attingere alla fonte creativa e alimentarla in te e negli altri; di quanto sia importante liberare il tuo bambino interiore dalle imbrigliature della mente razionale e dalle convenzioni sociali, per rimanere curioso e aperto.

A questo proposito, Robin Norwood, nel libro *Guarire coi perché*, racconta di «due ragazzini, uno ottimista e l'altro pessimista. Il pessimista viene condotto in una stanza colma di bellissimi giocattoli di ogni tipo ma, appena entrato, si siede vicino all'uscio e fa il muso. Poco dopo lo fanno uscire e gli chiedono perché lì dentro si sentisse così infelice. "Perché sapevo che se avessi scelto un giocattolo che mi piaceva, probabilmente si sarebbe rotto!"

Nel frattempo il piccolo ottimista, che è stato condotto in una stanza piena di sterco di cavallo, si è messo a scavare alacremente e intanto canticchia una ballata da cow-boy. Quando lo invitano a uscire, scuote il capo e continua a scavare. "Io lo so," esclama tutto eccitato, "con tutto questo sterco, da qualche parte dev'esserci un pony!"» Ecco, ti auguro di cercare il tuo pony, sempre!

Ti ho motivato la rilevanza di guardare la realtà da punti di vista diversi, trasformando e potenziando anche il tuo linguaggio; e ancora, come costruire il tuo carisma per conquistare la fiducia e il rispetto dei giovani; infine, come essere parte attiva di un cambiamento con effetto domino.

In definitiva ora sai che c'è in te un potenziale inespresso a cui poter accedere, per condurre te stesso a una vita di eccellenza e permettere ai bambini e ai ragazzi con cui ti relazioni di fare lo stesso. Più che un segno, ti auguro di lasciare loro un *sogno*, il più lucido e concreto possibile, fatto di passione e motivazione, le sole capaci di andare oltre ogni ostacolo.

Ti auguro di diventare un porto sicuro per grandi e piccoli, a cui approdare ogni volta che si è stanchi, nel quale trovare ristoro e prendere nuove energie, da cui ripartire più sicuri di prima e rigenerati. E ti auguro di diventare, al tempo giusto, inutile per tutti quei bambini e ragazzi che, affidandosi a te, hanno ricevuto così tante cure da essere pronti a spiccare il loro unico e irripetibile volo.

Un augurio speciale te lo faccio fare da Gaia, sette anni, che alla domanda «Qual è il segreto della felicità?» risponde «È il presente», perché tu possa assaporare ogni goccia di quel miele chiamato vita e possa vivere ogni istante pensando e sentendo che sia il migliore di tutti.

Non è stato facile condensare in queste pagine un'esperienza umana immensa, tanto ancora avrei da dirti, ma sono certa che avremo modo di incontrarci ancora, in fondo questa è una conclusione solo per convenzione. Da qui prende vita un nuovo inizio per me e anche per te, se lo vorrai.

Se vuoi approfondire alcune tematiche trattate nel libro o intraprendere un percorso di crescita personale, puoi contattarmi:

nunzia-sommese@libero.it
Facebook: Nunzia Sommese

Ringraziamenti

Ringrazio Giacomo Bruno per essere arrivato nella mia vita al momento giusto, per avermi regalato una visione lucida del mio obiettivo e l'opportunità di raggiungerlo. Grazie a tutto lo staff della Bruno Editore, in particolare a Roberto Bizzarri e a te, Mariarosa Francescone. La tua presenza attenta, amorevole e rispettosa è stata essenziale per me.

Grazie al mio amico Alfio Bardolla per avermi scritto la prefazione.

Grazie ai miei guerrieri di pace, piccoli e indimenticabili maestri di vita.

Grazie Isabella, sorella e amica, per avermi sopportata e supportata in questa meravigliosa avventura. Grazie per avermi incoraggiata e spronata fin dall'inizio e per la fiducia che da sempre riponi in me. Grazie per ogni ora trascorsa insieme a rileggere, assemblare, aggiungere pezzi di cuore e di storie. Questo traguardo lo tagliamo insieme!

Grazie a mia madre Teresa. Sei un angelo sceso in terra, il mio più grande esempio di capacità, dolcezza, energia e amore incondizionato.

Note sull'autore

Nunzia Sommese è laureata in Materie Letterarie, insegnante di Scuola Primaria e di yoga per bambini. Con esperienza pluriennale nell'ambito del coaching, diventa successivamente operatrice olistica e ideatrice e conduttrice di laboratori artistico-espressivi per il benessere.

Fermamente convinta che per ogni individuo sia necessario un percorso di autoconoscenza per raggiungere un grado sempre maggiore di consapevolezza ed evoluzione personale e spirituale, ritiene che la scuola sia il luogo dove iniziare una rivoluzione culturale che conduca l'essere umano a diventare l'eccellenza di se stesso e a creare una società migliore.

Portandovi il suo impegno, le sue competenze e i frutti del suo percorso evolutivo, ha introdotto la crescita personale, lo yoga e la mindfullness nell'insegnamento, dimostrandone sul campo la straordinaria efficacia.

www.ingramcontent.com/pod-product-compliance
Lightning Source LLC
Chambersburg PA
CBHW050909160426
43194CB00011B/2344